RESPONDER
a su llamado

jim estep, david roadcup, gary johnson

Literatura Alcanzando a Todo el Mundo

LATM
Libros que logran

Joplin Missouri EUA | www.latm.info

Responder a su llamado
por Estep, Roadcup y Johnson

Copyright © 2021 Todos los derechos reservados
Literatura Alcanzando a Todo el Mundo (LATM)
P. O. Box 645
Joplin, MO 64802-0645
EUA
www.latm.info

Publicado originalmente en inglés con el título
Answer His Call
Copyright © e2 Ministries, Inc, 2013, 2018.
Todos los derechos reservados
www.e2elders.org

e2
effectiveelders

Las citas bíblicas están tomadas de la *Nueva Versión Internacional*:

LA SANTA BIBLIA, NUEVA VERSIÓN INTERNACIONAL®, NVI® Copyright © 1973, 1978, 1984, 2011 por Biblica, Inc.® Utilizado con permiso. Todos los derechos reservados en todo el mundo.

Portada: Gary Gogis / www.gogisdesign.com
Eugenio Reed

Edición, redacción: Jennipher Vásquez de Elivo
Rafael Shead

ISBN 978-1-930992-87-0

Prólogo

Bob Russell

Desde que me jubilé del ministerio pastoral en 2006 he dirigido retiros mensuales de tutoría para predicadores. Pasamos tres días hablando de las emociones y los retos de dirigir la iglesia. Sorprendentemente, la sesión más animada y centrada es la que se refiere a las relaciones entre ancianos y predicadores.

Como tenemos dos silos de liderazgo en nuestra estructura, a menudo hay un tira y afloja para ver quién está realmente al mando. A veces hay tanta burocracia y papeleo que la iglesia se vuelve disfuncional. A menudo hay un sentimiento de frustración por la ineficacia de las reuniones y, en ocasiones, existe un sentimiento de enemistad entre los predicadores y los ancianos.

Un predicador se lamentaba: "Llevo cinco años en mi iglesia. Hemos pasado de unos 100 a 300 asistentes. Tenemos cuatro ancianos. Uno de ellos se ausenta tanto que no funciona como anciano y otro es tan pasivo que nunca quiere discrepar ni irritar a los demás. Los otros dos son personalidades muy fuertes y recientemente me han dicho que no quieren más cambios en la metodología o en la programación porque los mayores ya están incómodos con todos los cambios. Creo que si no seguimos haciendo cambios no llegaremos a los jóvenes de nuestra comunidad. ¿Qué debo hacer? ¿Debo quedarme o irme?"

Los predicadores dirán: "Nuestros ancianos me tratan como un asalariado", o "Mis ancianos nunca toman la iniciativa. Si no lo hago yo, no se hará". "En nuestra iglesia se supone que el ministro es el visionario y los ancianos deben detenerlo, o al menos evitar que gaste demasiado dinero". Pocas juntas de ancianos parecen funcionar bien.

Por supuesto, la disfunción de la iglesia no siempre es culpa del anciano. A veces, la ineficacia puede atribuirse al predicador o a un miembro del personal que es perezoso, poco espiritual, poco ético, controlador o que carece de responsabilidad o de habilidades interpersonales. Hay tanta frustración en esta área que los fundadores de iglesias nuevas están buscando formas de evitar el sistema. Algunos no tienen ancianos, sino que establecen "equipos ministeriales". En algunos lugares el personal remunerado constituye la mayoría de los ancianos o los ancianos son los hombres seleccionados por el ministro que afirman cada cosa que él propone. Algunos han establecido el modelo Carville de liderazgo en la iglesia, en el que el predicador es considerado el director general y los ancianos se asemejan a la junta directiva de una corporación: reciben un informe mensual de lo que sucede.

Ya que la Biblia especifica que los ancianos deben ser los supervisores de la iglesia y ya que somos un pueblo que respeta el Libro, necesitamos considerar cómo hacer que el sistema dado por Dios funcione más efectivamente. Los pasajes 1 Timoteo 3, Tito 1 y 1 Pedro 5 están en la Biblia con un propósito. El problema no es con el diseño de Dios, es con nuestra implementación de su plan.

Es por eso que este libro sobre el papel del anciano se necesita desesperadamente y puede ser extremadamente útil. James Estep, David Roadcup y Gary Johnson tienen las credenciales teológicas y la experiencia práctica para arrojar algo de luz sobre cómo Dios quiso que su iglesia fuera pastoreada. Jesucristo sigue siendo la única esperanza del mundo, la iglesia sigue siendo su cuerpo en la tierra, los ancianos siguen siendo los pastores de su rebaño y los tiempos en que vivimos exigen lo mejor que podamos dar. Por lo tanto, estudie y ponga en práctica los principios expuestos en este libro para que la iglesia pueda ser como el Señor quiso que fuera: una ciudad asentada en una colina que no puede ser ocultada. "Y cuando aparezca el Pastor Supremo, ustedes recibirán la inmarcesible corona de gloria" (1 Pedro 5:4).

Índice de contenidos

Prologo 3

Introducción 7

Capítulo 1: El llamado de un anciano (GJ) 11

Capítulo 2: Conversión y transformación de un anciano (DR) 23

Capítulo 3: Cualidades bíblicas de un anciano (JE) 39

Capítulo 4: Selección efectiva de ancianos (DR)................. 55

Capítulo 5: Gobernanza de los ancianos (DR) 75

Capítulo 6: Evaluación por pares (JE) 91

Apéndice: Ejemplo de evaluación de ancianos 1................ 101

Apéndice: Ejemplo de evaluación de ancianos 2................ 103

Apéndice: Matriz de cualidades de los ancianos................ 105

Apéndice: Opiniones históricas sobre el "marido de una sola mujer"... 106

Apéndice: Modelo de Pacto de Liderazgo 107

Introducción

Las congregaciones saludables requieren un liderazgo saludable. Sin un liderazgo sano, las probabilidades de que una congregación crezca espiritualmente tanto como numéricamente, disminuyen en gran medida. Esta es la principal preocupación de esta serie: un liderazgo sano facilita una vida congregacional sana. Para garantizar la salud de las congregaciones, debemos prestar atención a la salud de nuestros líderes, los ancianos. Este libro intenta orientar, informar, desafiar, educar y, en última instancia, equipar a los hombres para que sean líderes dentro de la congregación, ancianos que lideren y pastoreen genuinamente el rebaño de Dios.

El liderazgo cristiano se basa en el *llamado* de Dios al servicio, a la que debemos responder: *Responder a su llamado*. El hombre está calificado y equipado por una vida representativa del *carácter* y la madurez cristiana: *Reflejar su carácter*. Además, un anciano debe poseer *aptitudes* y habilidades que le sirvan para guiar y pastorear al pueblo de Dios: *Dirigir su iglesia*. Finalmente, la *comunidad*, tanto la congregación como su contexto social, proporciona el área para que un anciano sirva como líder dentro de la comunidad de fe y como testigo a la comunidad que lo rodea y debe: *Disfrutar de su pueblo*. Los cuatro son esenciales para que el liderazgo cristiano sea efectivo, ninguno de ellos es opcional.

Sobre la serie

Este libro es el primero de cuatro tomos diseñados para equipar a los ancianos para un liderazgo eficaz en la congregación por e2: *effective elders* (ancianos efectivos) (www.e2elders.org). Los cuatro tomos (*Responder, Reflejar, Dirigir y Disfrutar*) son paralelos a los cuatro componentes básicos del liderazgo cristiano explicados anteriormente. Estos libros no pretenden ser tratados eruditos sobre el papel de ancianos. Más bien, están diseñados como guías de estudio

Responder a su llamado

útiles que utilizan ideas prácticas y académicas para los ancianos. Cada capítulo es intencionadamente breve y concluye con preguntas de reflexión para su uso personal, o para su uso como ancianos, como medio de formación y equipamiento mutuo para el servicio.

Responder, Tomo 1, aborda el llamado divino del anciano a servir como líder dentro de la congregación; un llamado que ciertamente merece y requiere una respuesta. El capítulo 1 aborda la naturaleza del llamado que se hace a la vida de un anciano como líder dentro de la congregación. El capítulo 2 habla de la conversión y transformación espiritual necesarias en la vida de un anciano. En el capítulo 3 se examinan los requisitos para ser anciano, mientras que el capítulo 4 ofrece modelos para el proceso de selección de ancianos. El capítulo 5 nos introduce en la idea del gobierno de los ancianos, el papel y la función que desempeña un anciano en la vida de una congregación. El último capítulo analiza el valor y la importancia de que los ancianos rindan cuentas a otros ancianos, espiritual y pastoralmente, a través de las evaluaciones de sus compañeros.

Este libro puede utilizarse de dos maneras. En primer lugar, se puede utilizar como un estudio individual, algo que usted lee para su propia edificación y educación. Puede ser un anciano nuevo, o tal vez un líder experimentado que busca una perspectiva y una visión adicional. En cualquier caso, este libro integra a lo largo del texto una serie de preguntas de reflexión diseñadas para ayudarle a aplicar cada capítulo a su vida como cristiano y anciano. Una segunda forma de utilizar este libro es por parte de los ancianos. Cada anciano podría leer el libro, utilizar las preguntas de reflexión y luego discutirlas juntos como grupo de ancianos. En cualquier caso, ya sea individual o en grupo, esperamos que el libro sea beneficioso para su vida y su ministerio.

SOBRE LOS AUTORES

Esta serie no es el producto de un solo autor. Es más bien el fruto del trabajo de tres personas, que trabajan conjuntamente, aportando sus diversas experiencias y perspectivas para el beneficio mutuo y el debate profundo.

Introducción

Uno de los autores es un eclesiástico (Gary Johnson), otro es un consultor eclesiástico (David Roadcup), y otro es un académico de larga data (James Estep). Aunque estos tres hombres se conocían por separado desde hace mucho tiempo, no fue hasta que estuvieron los tres juntos en Heiligenkreuz, Austria, enseñando a estudiantes de Europa del Este y Asia Central en Haus Edelweiss (Instituto Internacional TCM), que los tres hombres se sentaron juntos por primera vez y compartieron sus preocupaciones por la salud de las congregaciones y la salud de sus liderazgos. Descubrieron que compartían la convicción de que un liderazgo sano construye una congregación sana. De estas conversaciones iniciales mientras tomaban un café a un hemisferio de distancia de sus casas surgió la idea de esta serie, diseñada para fortalecer la salud de los ancianos como líderes de su congregación. Esto llevó a la fundación de *e2: effective elders* (ancianos efectivos) en septiembre de 2012 (www.e2elders.org).

Aunque a cada uno se le asignó la redacción de sus propios capítulos, la forma final de cada capítulo fue revisada y reelaborada por los tres autores compartiendo una mesa común. Por lo tanto, la obra es un recurso de tres autores para equipar a los líderes de la congregación que sirven como ancianos de la iglesia.

Oramos por ti y por tu congregación, y si podemos servirte, no dudes en ponerte en contacto con nosotros cuando lo desees.

Septiembre de 2018

James Estep, Jr., PhD VP Academics Central Christian College of the Bible Moberly, Missouri jim@e2elders.org	David Roadcup, D.Min. Director de Formación Espiritual, Profesor TCMi Florence, KY david@e2elders.org	Gary Johnson, D.Min. Director ejecutivo e2: effective elders Indianapolis, Indiana gary@e2elders.org

Capítulo 1

El llamado de un anciano

Gary Johnson

Si eres un cristiano, entonces eres un ministro. Un cristiano que no es ministro es una contradicción en los términos.

-- D. Elton Trueblood

Era 1904 cuando William Borden se graduó de la escuela secundaria en Chicago. El joven William era heredero de la finca "Borden Dairy" y ya era millonario. Para celebrar su graduación de la escuela secundaria, sus padres le regalaron un viaje que le llevó a dar la vuelta al mundo. Mientras William viajaba por Europa, Oriente Medio y Asia, se hizo dolorosamente consciente del sufrimiento de los demás. Borden se sintió tan agobiado emocionalmente que escribió a sus padres diciéndoles: "Voy a dar mi vida preparándome para el campo misionero". "En este momento decisivo de su vida, este joven escribió dos palabras en el reverso de su Biblia: "Sin reservas".

Borden hizo honor a esas dos palabras, ya que no se guardó nada. Mientras asistía a la Universidad de Yale, Borden se convirtió en un líder de la comunidad cristiana. Durante su primer semestre en la universidad, Borden creó un pequeño grupo de oración que se convirtió en un movimiento en el campus, reuniendo a 150 estudiantes de primer año para el estudio de la Biblia y la oración cada semana. Cuando Bill Borden estaba en su último año, 1.000 de los entonces 1.300 estudiantes de Yale se reunían en estos grupos en el campus. Borden se aseguró estratégicamente de que los estudiantes escucharan

Responder a su llamado

las buenas nuevas de Cristo mientras estaban en el campus, y dio un ejemplo de liderazgo de servicio al llegar a las personas empobrecidas que vivían en New Haven. Al graduarse de la universidad, el adinerado Borden se comprometió a servir entre los musulmanes que vivían en China. La graduación en Yale fue otro momento decisivo en su vida, y una vez más escribió dos palabras en el reverso de su Biblia. Junto a las palabras "Sin reservas", Borden escribió "Sin retiros".

Borden vivió ese sentimiento. Rechazando varias ofertas de trabajo lucrativas, fue a la escuela de posgrado y, tras graduarse en el seminario, Borden fue a Egipto para aprender árabe, ya que tenía la intención de trabajar en el pueblo musulmán kansu de China. Durante su estancia en Egipto, contrajo una meningitis espinal. Al cabo de un mes, William Borden, de 25 años, murió. Antes de morir, William Borden había escrito dos palabras más en su Biblia. Junto a las palabras "Sin reservas" y "Sin retiros", Borden escribió: "Sin arrepentimientos".[1]

Nosotros, como Borden, queremos vivir vidas espiritualmente significativas para la gloria de Dios. Sin embargo, ¿estamos, como Borden, dispuestos a escribir en las tablas de nuestro corazón: "Sin reservas, sin retiros, sin arrepentimientos"? ¿Hemos rendido nuestras vidas al señorío de Jesucristo de manera que nos duele servirle cuando nos llama a hacerlo?

EL LLAMADO GENERAL

Desde el principio de los tiempos, Dios ha estado llamando a la gente. No puede haber un llamado si no hay alguien que lo haga. En el huerto del Edén, Dios "llamó" a Adán (Génesis 3:9). Dios intentaba llamar la atención de Adán. Si tenemos en cuenta que Dios "que no cambia como los astros ni se mueve como las sombras." (Santiago 1:17), es razonable pensar que Dios sigue llamando a la humanidad.

---

[1] www.preachingtoday.com siting Bill White, Paramount, California; sources: *Daily Bread* (12-31-1988; *The Yale Standard* (Fall 1970); Mrs. Howard Taylor, Borden of Yale (Bethany House, 1988).

El llamado de un anciano

Una de las formas en que él llama a la humanidad es para que las personas se conviertan en sus seguidores, y esta acción se conoce como un llamado general de Dios. Hasta el final del tiempo medido, Dios continuará llamando a la gente "de las tinieblas a su luz admirable" (1 Pedro 2:9). Incluso la palabra "iglesia" en griego (*ekklesia*) significa "los llamados". El prefijo ek significa "fuera" y el resto de la palabra proviene de la palabra *kaleo*, que significa "llamar, convocar". "Así, Dios hace una llamada general a las personas para que salgan de las tinieblas pecaminosas y entren en su luz. Cuando las personas deciden responder favorablemente a ese llamado general, pasan a formar parte de la iglesia, la asamblea de sus "llamados".

El llamado del liderazgo

Una vez que las personas responden al llamado general de Dios, se espera que sirvan a Dios (Efesios 2:10; 1 Pedro 4:10). Una de esas formas en que las personas sirven a Dios es en el área del liderazgo. El apóstol Pablo mencionó el don espiritual de liderazgo, y cuando una persona tiene este don, "que dirija con esmero" (Romanos 12:8). Por lo tanto, podemos declarar con certeza que Dios ha llamado a las personas a *liderar*.

En el libro de Éxodo, capítulo 3, Dios llamó a Moisés desde una zarza ardiente, y fue un llamado para sacar a los israelitas de la esclavitud en Egipto y llevarlos a la libertad en la tierra prometida. Es interesante observar que fue necesaria una zarza ardiente para que Moisés se apartara de su monótona rutina diaria y dirigiera su atención a una escena extraña. Como pastor, el trabajo de Moisés solía ser una rutina, literalmente. Las ovejas y las cabras tienen fama de andar por el mismo camino, haciendo una senda con su rutina. ¿Podría ser que Moisés estuviera tan enamorado de su rutina que se necesitara de un milagro para hacer que levantara la vista, para indagar sobre algo único que estaba ocurriendo en su vida? En ese momento, Dios llamó a Moisés a una posición de liderazgo.

Responder a su llamado

Además, Moisés se resistió a ese llamado. No una vez, sino cinco veces, Moisés dudó en responder al llamado de Dios al liderazgo (Éxodo 3:11, 13; 4:1, 10, 13). A Dios no le agradó su respuesta, así que su "ira ardía contra Moisés" (Éxodo 4:14). Sin embargo, Moisés finalmente se sometió a la voluntad de Dios para su vida, y respondió al llamado de Dios para liderar.

No fue una zarza ardiente, sino una luz cegadora que captó la atención de otro hombre. Mientras Saulo caminaba hacia Damasco, Jesús se le apareció con una luz cegadora y lo llamó a liderar (Hechos 9:1-22). Saúl era un devoto seguidor de Dios, pero ahora se le dio la oportunidad de seguir a Jesucristo como su Mesías, y de servirle como líder entre la gente. Dios llamó al joven Samuel a un papel de liderazgo como profeta (1 Samuel 3), y su posición como profeta designado por Dios fue reconocida por el pueblo (v. 20). Jesús llamó a doce hombres para que fueran líderes, y a estos "Apóstoles" -palabra que significa "los enviados"- se les encomendó la misión de liderar el establecimiento de la iglesia del primer siglo.

Una y otra vez, podemos encontrar casos en los que Dios llamó a los hombres a liderar, y todavía hace lo mismo hoy. Dios es inmutable – no cambia – y sigue haciendo el llamado a los hombres para que dirijan su iglesia. El Apóstol Pedro insta a los ancianos a que "cuiden como pastores el rebaño de Dios que está a su cargo, no por obligación ni por ambición de dinero, sino con afán de servir, como Dios quiere (1 Pedro 5:2). ¿Sirven los hombres como ancianos por un simple sentido del deber? ¿Sirven los hombres como ancianos porque han sido "votados" por la gente, en lugar de ser llamados por Dios? Cuando un hombre tiene el deseo de servir y experimenta una agitación apasionada de su alma, Dios puede estar llamándolo a liderar.

Wilson Bentley murió persiguiendo su pasión. Wilson era un granjero de Jericho, Vermont en EE. UU. y mientras crecía en la granja, desarrolló una fascinación por los copos de nieve. En pocas palabras, estaba obsesionado. Mientras que la mayoría de la gente

El llamado de un anciano

se queda en casa durante una tormenta de nieve, Bentley hacía todo lo contrario. En cuanto empezaba a nevar, Bentley salía corriendo a coger los copos de nieve en un paño de terciopelo negro. Luego los examinaba con un microscopio y los fotografiaba antes de que se derritieran. Descubrió que cada copo de nieve era una obra maestra de la creación. Para preservar el diseño único de un copo de nieve, Bentley tomó fotomicrografías de ellos, la primera de ellas el 15 de enero de 1885.

Wilson, el primer fotógrafo conocido de copos de nieve, acumuló una colección de 5.381 imágenes, publicadas en su obra maestra titulada *Snow Crystals* (Cristales de nieve). Poco después de la publicación de su obra magna, Bentley murió de una manera acorde con el genio artístico. El 23 de diciembre de 1931, Wilson "Snowflake" (copo de nieve) Bentley murió de neumonía, contraída tras caminar seis millas a través de una tormenta de nieve cegadora. Bentley murió aún persiguiendo su pasión.[2]

¿Servir como anciano de la iglesia local es una pasión en tu vida? ¿Estás persiguiendo esa pasión de una manera auténtica? Mientras que la gente de la iglesia puede elegirte para servir, Dios puede estar llamándote a servir.

Para reflexionar: Si estás sirviendo como anciano, recuerda los eventos que te llevaron a este punto. ¿Qué palabras utilizarías para describir el proceso? Si todavía no estás sirviendo como anciano, ¿qué te ha llevado a pensar en hacerlo?

¿Cómo es un llamado al liderazgo?

En la práctica, ¿cómo pueden los hombres saber si hay un llamado de Dios en sus vidas para liderar? ¿Es difícil distinguir esta llamada? Es interesante notar los aspectos únicos de los llamados de

---

[2] Mark Batterson, *Wild Goose Chase* (Sister's OR: Multnomah, 2008), pp. 15-16.

Responder a su llamado

liderazgo de Dios a Moisés, Pablo y Samuel. Por ejemplo, cuando Dios llamó a cada uno de estos hombres a liderar, dijo sus nombres dos veces (Éxodo 3:4, "Moisés, Moisés"; 1 Samuel 3:10, "Samuel, Samuel"; Hechos 9:4, "Saulo, Saulo"). ¿Hay algo en nosotros como hombres que no escuchamos muy bien? Cuando creciste, ¿alguna vez alguien repetiste tu nombre para llamar tu atención? Lo más probable es que eso haya sucedido y que todavía suceda.

Además, no sólo se destaca algo verbal en estos tres llamados al liderazgo, sino que hay algo visual. Como se mencionó anteriormente, se necesitó una zarza ardiente y una luz cegadora para llamar la atención de Moisés y Saúl. ¿Qué se necesita para que Dios nos haga volver a él si nos llama? Cuando Dios llamó a Samuel, éste estaba acostado (1 Samuel 3:3). Era el final de su jornada y estaba físicamente quieto. ¿Cuándo nos detendremos lo suficiente como para sentir la llamada de Dios en nuestras vidas? Nuestro frenético ritmo de vida no se presta a escuchar bien a Dios.

Los adolescentes han descubierto un tono de llamada para sus teléfonos móviles que les beneficia. Llamado "tono de mosquito", este timbre tiene un tono demasiado alto para que lo oigan los adultos mayores de veinticinco años. Los jóvenes encuentran este tono de llamada de su agrado porque los padres, profesores, empleadores, etc. no pueden oírlo. Normalmente, las personas mayores de veinticinco años no pueden oír sonidos por encima de los 16 kilohercios, y el tono de mosquito suena a 17 kHz.

De la misma manera, tenemos algunas dificultades para "escuchar" a Dios cuando nos llama. Tal vez nuestras vidas están tan orientadas a la actividad que no podemos sentir la llamada de Dios, o puede ser que el ritmo en el que vivimos deja poco o ningún espacio para Dios. Lamentablemente, nos cuesta escuchar el llamado de Dios.[3]

---

[3] Doug Newton, "Spiritual Ear Hair" (Pelos en la oreja espiritual), *Light & Life* (enero/febrero de 2008), p. 32.

Para reflexionar: ¿Qué te motiva a servir como anciano? ¿Qué tan profundamente deseas la oportunidad de, con humildad, servir y dar de ti mismo a la iglesia?

En *Rediscovering Pastoral Ministry*, (Redescubrir el Ministerio Pastoral) de John MacArthur, James M. George describe un proceso de cuatro pasos para distinguir si el llamado de Dios está en la vida de alguien para el ministerio vocacional.[4] Dado que los ancianos son llamados al liderazgo espiritual, hay una buena cantidad de información aplicable de su ensayo sobre "The Call to Pastoral Ministry" (El llamado al ministerio pastoral) que es de ayuda práctica para nosotros. James George nos anima a considerar cuatro elementos para ayudar a ordenar nuestros pensamientos, mientras tratamos de determinar si Dios nos llama a servir como ancianos.

Confirmación: ¿Han hablado personas a tu vida, mencionando que reconocen rasgos de liderazgo y potencial en ti? Si es así, toma nota de que Dios puede estar tratando de llamar tu atención. En Hechos 16:1-2, el joven Timoteo fue reclutado para el ministerio cuando Pablo escuchó de los creyentes que Timoteo era un joven excepcional. Una pluralidad de creyentes (es decir, tanto en Listra como en Iconio) hablaron bien de Timoteo. Lo afirmaron ante Pablo. En Proverbios 11:14, se nos recuerda que "el éxito depende de los muchos consejeros". ¿Estamos escuchando y prestando atención a los consejeros en nuestras vidas? Tal vez estas personas estén siendo impulsadas por el Señor para ayudarnos a considerar que Dios puede estar llamándonos a liderar su iglesia.

No sólo somos confirmados por los comentarios de los demás, sino que la gente recibe un sentido de confirmación de Dios. Si estamos llamados a liderar la iglesia, Dios puede permitirnos experimentar

---

[4] John MacArthur, eds. Rediscovering Pastoral Ministry (Redescubrir el ministerio pastoral) (Dallas, Texas: Word Publishing) 1995, p. 102 y siguientes.

Responder a su llamado

momentos de liderazgo efectivo sin ser ancianos. Momentos así pueden ayudarnos a reconocer si tenemos las habilidades necesarias para liderar de manera más significativa.

Para reflexionar: ¿Han afirmado algunos hermanos verbalmente tu potencial para servir (liderar) como anciano? Si e así, ¿qué recuerdas que te hayan dicho?

Habilidades: Con demasiada frecuencia, hay hombres que sirven como ancianos que no tienen habilidades para dirigir. Puede ser que hayan sido seleccionados para servir porque son hombres de negocios eficientes, miembros de buena reputación en la iglesia y la comunidad, etc. Sin embargo, se presta poca atención al tema de sus habilidades. Para liderar con eficacia, un anciano debe tener habilidades interpersonales, ser capaz de comunicarse con eficacia, y ser capaz de pensar analíticamente. Un anciano debe tener cierta habilidad para comunicar la Palabra de Dios, ya sea predicando o enseñando las Escrituras con eficacia. Un anciano debe ser hábil en el cuidado pastoral, así como en la administración de la disciplina de la iglesia. Se necesitan habilidades fundamentales de liderazgo para ser un anciano capaz. Cuando un individuo echa una mirada honesta a sus dones espirituales y se da cuenta de que "tiene lo que se necesita" para servir como anciano, Dios puede estar llamándolo a liderar.

¿Podría Moisés haber hecho tal inventario de su vida al considerar la llamada de Dios sobre él? Los años que pasó en Egipto fueron decisivos para que Moisés se convirtiera en un líder capaz. Al haber crecido en Egipto, entendía la cultura y la política egipcias. Fue bien educado, ya que creció en la casa real. Después de salir de Egipto, Moisés trabajó como pastor durante cuarenta años, donde desarrolló habilidades para dirigir un "rebaño" de personas a través de un desierto. Cuando observamos nuestras actividades educativas anteriores, nuestras experiencias profesionales y nuestro servicio cristiano, es posible que reconozcamos en nosotros un potencial de

El llamado de un anciano

liderazgo. Tener esas habilidades puede ser una prueba más de que Dios nos llama a liderar.

Para reflexionar: ¿Qué habilidades tienes que te permiten desempeñar el papel de anciano con eficacia?

Anhelo: Si Dios nos está llamando a liderar, un anhelo o deseo debe surgir dentro de nosotros. Pedro escribió que debemos tener "el afán de servir" (1 Pedro 5:1-2). ¿*Queremos* que la iglesia local tenga una salud espiritual vibrante, que haga avanzar a la persona de Jesucristo en toda la comunidad? ¿Imaginamos un ministerio prevaleciente y efectivo que sea dirigido de manera relevante y excepcional? ¿Estos pensamientos nos mantienen despiertos por la noche o entran en nuestros pensamientos despiertos al amanecer? Cuando anhelamos humildemente ser un siervo, líder de la iglesia local, esto puede indicar un llamado de Dios a liderar. Frederick Buechner, escritor y predicador estadounidense (nacido en 1926), dijo una vez: "El lugar al que Dios te llama es el lugar donde se encuentran tu profunda alegría y el profundo hambre del mundo". Imagina que cada uno de los que servimos como ancianos experimentáramos una profunda alegría mientras servimos para satisfacer el hambre profunda de los que están en la iglesia local. El anhelo dentro de nosotros puede ser el llamado de Dios a nosotros.

Para reflexionar: Qué motiva, que alimenta, tu llamado a servir eficazmente como anciano en la iglesia de Jesús.

Estilo de vida: No todo el mundo tiene un estilo de vida propicio para servir como anciano. En primer lugar, un anciano debe ser un hombre de carácter cristiano consistente. Puede poseer grandes credenciales y habilidades, pero si no es un hombre de integridad, no está recibiendo el llamado a dirigir la iglesia local. Un estilo de vida que emula a Jesús y la piedad es obligatorio. ¿Cómo se reconoce este estilo de vida? Los hombres que están genuinamente contentos con lo

Responder a su llamado

que tienen, que tienen hambre de santidad, y que son genuinamente humildes exhiben rasgos que conducen a un estilo de vida apropiado para liderar la iglesia local. Los hombres que son auto disciplinados en su caminar cristiano, y que están radicalmente dedicados a la familia, a la iglesia y a la Palabra exhiben un estilo de vida apropiado para ser un líder espiritual.

Para reflexionar: ¿Su estilo de vida aumenta o disminuye su eficacia como anciano? Explique.

¿Por qué es importante sentir este llamado al ministerio de liderazgo?

Dirigir la iglesia local es difícil y exigente. Lamentablemente, algunos hombres ya no sirven como ancianos porque su ministerio les resultó demasiado doloroso. Saber y sentir que hemos sido llamados a servir como ancianos puede fortalecer nuestra decisión de seguir sirviendo cuando dicha labor se torna difícil.

En el Antiguo Testamento, Jeremías fue llamado por Dios para dirigir. Su ministerio a largo plazo fue profundamente desagradable. Fue atacado constantemente y soportó las peores críticas. Sufrió tanto durante sus más de cuarenta años de ministerio que se ganó el apodo de "el profeta llorón". Sin embargo, Jeremías no renunció, porque sabía que había sido llamado por Dios para liderar.

Pablo tuvo experiencias similares. Fue llamado por Jesús para liderar (Hechos 9:15-16), y el sufrimiento se convirtió en un sello distintivo de su ministerio. Es interesante rastrear algunos de los pasos del sufrimiento de Pablo.

En Hechos 16:12, Pablo llegó a Filipos, una colonia romana. Allí curó a una joven endemoniada, y ese acto de bondad tuvo como resultado ser desnudado y golpeado en el mercado (vv. 19-22). Después de su milagrosa liberación de la cárcel, Pablo fue a Tesalónica (Hechos 17:1), pero pronto fue expulsado de esa ciudad por el simple hecho de haber predicado a Jesucristo (v. 10). Pablo fue entonces a Berea, donde fue nuevamente expulsado por simplemente predicar a Jesús (v. 14). Pablo se dirigió entonces a Atenas (v. 16), y allá "le dolió en el alma ver que la ciudad estaba llena de ídolos." De allí, Pablo fue a Corinto (Hechos 18:1), y no fue la idolatría lo que lo angustió; fue la inmoralidad sexual presente en esa ciudad. Mientras Pablo estaba en Corinto, el Señor se le apareció en una visión (v. 18:9) y le dijo: "No tengas miedo; sigue hablando, y no te calles".

¿Por qué le diría esto el Espíritu a Pablo? ¿Podría ser que Pablo quería renunciar? ¿Podría haber estado tan desanimado por la paliza y el encarcelamiento en Filipos, las respuestas mediocres en Atenas, y el rechazo en Tesalónica y Berea, que quería rendirse? Después de presenciar la idolatría y la inmoralidad en escalas épicas, ¿podría haber pensado Pablo: "De qué sirve?" ¿Estaba agotado física, emocional y espiritualmente hasta el punto de tirar la toalla como el boxeador que no quiere seguir en la pelea? ¿Hizo falta una intervención sobrenatural del Señor para recordarle a Pablo la llamada de su vida? Afortunadamente para nosotros, Pablo no abandonó. Permaneció fiel a su llamado a liderar.

Cuando estamos convencidos de que Dios nos ha llamado a liderar su iglesia, es menos probable que renunciemos cuando se hace difícil liderar. Hay un gran beneficio en saber que hemos sido llamados a liderar. La autora Kirsten Strand describe bien lo que importa, al fin y al cabo.

> He aprendido que ignorar una vocación puede conducir a la depresión, la ira, la frustración y una profunda insatisfacción con la vida. Y he aprendido que seguir una vocación también puede llevar a momentos de depresión, ira, frustración y soledad. Sin embargo, debajo de esos sentimientos habrá una profunda sensación de paz y satisfacción.[5]

---

[5] Kirsten Strand, "Following a Tough Call" (Seguir un llamado difícil), https://www.christianitytoday.com/ women-leaders/2007/march/following-tough-call.html consultado el 20 de septiembre de 2018.

Responder a su llamado

Para ayudar a determinar el llamado de Dios en nuestras vidas, recordemos los cuatro elementos:

*Confirmación

*Habilidades

*Anhelo

*Estilo de vida.

Y respondamos – y disfrutemos – de su llamada.

Para debate y reflexionar en grupo: Las siguientes son algunas preguntas para la reflexión en grupo. Si no han discutido las preguntas anteriormente en el capítulo como grupo, utilicen las siguientes como mínimo para la discusión.

- ¿Cuáles son algunas de las influencias comunes en sus llamados como ancianos (o candidatos a ancianos)?
- Ancianos: cuando están considerando a alguien nuevo para el equipo de ancianos, ¿cómo evalúan su llamado a servir?
- ¿En qué medida sus capacidades individuales se complementan para formar un liderazgo saludable para toda la congregación?
- ¿Cómo os animáis los unos a los otros a caminar más cerca de Jesús? ¿Qué compromisos tangibles tienen entre ustedes más allá de servir como ancianos?

Capítulo 2

Conversión y transformación de un anciano

David Roadcup

Jesús mismo fundó la iglesia cuando respondió a Pedro: ". . . sobre esta piedra edificaré mi iglesia y las puertas del reino de la muerte no prevalecerán contra ella" (Mateo 16:18). Ella es la esperanza del mundo. Y el andar de los líderes de una iglesia determina también el andar de la congregación. Los tres autores de este libro amamos y servimos a la iglesia a tiempo completo, nuestras vidas están arraigadas a ella. Vivimos y respiramos la iglesia las 24 horas del día. Creemos en el futuro y el potencial de la iglesia, así como creemos que Jesús es la cabeza de ella. Creemos que la iglesia es genuinamente el cuerpo viviente y respirante de Jesucristo aquí en este mundo. Creemos que Dios creó la iglesia para llevar a los creyentes al cielo a través de ella. Creemos que la iglesia debe ser el representante colectivo de Dios ante un mundo que anhela ver la autenticidad en la vida cristiana. Creemos que la iglesia es la novia de Cristo que estará en las bodas del Cordero en el libro del Apocalipsis. Creemos en la iglesia y nos entusiasma su futuro. También apreciamos y amamos profundamente a los ancianos de las congregaciones. La gran mayoría de estos servidores son voluntarios que dan su tiempo, esfuerzo, energía y dones para permitir, nutrir y hacer crecer el cuerpo de Cristo. ¡Saludamos y apreciamos a cada uno de ellos!

A la luz de estas declaraciones, un punto importante pasa a primer plano. El tema que tenemos claro ante nosotros es que el futuro

Responder a su llamado

de la iglesia descansa definitivamente en las manos de sus líderes. Permítanme reiterar esto: el futuro, la eficacia, los logros y los resultados de la vida y el trabajo de cada congregación están en manos de sus líderes. Estos líderes son guiados por Dios, dotados con gracia por la presencia de Jesús nuestro Señor y facultados por el Espíritu Santo. Según va el liderazgo de la iglesia, así va la iglesia. En mis más de cinco décadas de liderazgo en la iglesia, este hecho es cierto: cuando hay líderes piadosos, competentes y eficaces al frente de una congregación, suceden cosas positivas. Cuando las personas que dirigen una iglesia no están comprometidas, no son competentes y carecen del don de liderazgo, la iglesia suele ir a la deriva. Esto ha sido cierto a lo largo de los siglos, es cierto ahora y siempre lo será. La eficacia y la capacidad de la iglesia para cumplir su misión dependen de varios factores claves, siendo uno de los más importantes la eficacia del equipo de liderazgo remunerado y voluntario de cada congregación.

Este capítulo trata de la transformación en la vida de un anciano o líder de la iglesia. Cada anciano que sirve debe haber experimentado la transformación que viene de un encuentro serio y personal con Jesucristo y su Palabra. Debe ser personal y auténticamente transformado en su naturaleza. Cada anciano debe estar creciendo en su propia vida espiritual para poder dirigir una iglesia bien equilibrada y fructífera.

Para reflexionar: En una escala del 1 (bajo) al 5 (alto), ¿dónde situarías tu vida espiritual? ¿Por qué te calificas así?

  ③ ④ ⑤

¿Por qué?

Conversión y transformación de un anciano

LA AMONESTACIÓN Y EL LLAMADO DE JESÚS

La Escritura explica claramente el proceso de transformación en la vida de un líder o creyente. Podemos examinar varios pasajes sobre este tema. El mejor lugar para empezar es la advertencia de Jesús en Lucas 9:23-24 a los que quieren ser sus discípulos:

> Si alguien quiere ser mi discípulo, que se niegue a sí mismo, lleve su cruz cada día y me siga. Porque el que quiera salvar su vida la perderá, pero el que pierda su vida por mi causa la salvará.

En este texto, Jesús nos da su requisito para el discipulado. "El que quiera seguirme en serio debe morir a sí mismo, sometiendo cada área de su vida a mi señorío". Este requisito es esencialmente un abandono total de uno mismo. Es morir a mis propios deseos y decir "sí" a la voluntad y dirección del Señor para mi vida. Muero a mí mismo para vivir diariamente para Jesús.

Para decirlo de otra manera, él simplemente está pidiendo *todo*; no unas pocas obras simbólicas de obediencia, sino todo, todo el plato, el paquete completo sin nada retenido. Es absolutamente cierto que llegar a este lugar en la vida de un anciano o seguidor lleva tiempo. Pero la *decisión de dar este paso* –mental, psicológica, emocional y espiritualmente, y tomar esto como la meta en mi camino espiritual– es lo que Jesús busca en sus seguidores. Esta decisión debe ser sincera y auténtica, de corazón, proveniente de un espíritu quebrantado de arrepentimiento. Debe estar con nosotros todos los días para que tengamos una relación auténtica y continua con Cristo. Los hombres que han tenido una profunda transformación espiritual personal son los que deben liderar nuestras congregaciones.

En la actualidad, en la iglesia estadounidense, hay una tendencia peligrosa en la predicación y la enseñanza. A veces, sin darnos cuenta, comunicamos a la gente de nuestras iglesias: "Si haces tres cosas básicas como cristiano, has cumplido todo. Primero, venir a la iglesia cuando hay servicios. Segundo, dar una ofrenda cuando la ofrenda es recolectada. Tercero, ser tan moralmente bueno como sea posible. (No nos avergüences cuando estés fuera de aquí)". Cuando la gente asiste al culto en nuestras iglesias, es posible que reciban este mensaje en silencio opuesto a la cualificación radical de Jesús para el discipulado. Es importante notar que Jesús nunca enumeró estos tres comportamientos en sus requisitos para ser discípulo. Él sabía que estos y otros aspectos importantes de un discípulo espiritualmente sano serían subproductos de morir a uno mismo.

Examinemos la irrefutable afirmación de Jesús en Lucas 9:23 frase por frase para extraer su significado. Hay varias observaciones clave que deben ser examinadas de cerca en este pasaje.

Si alguien quiere . . .

En primer lugar, Jesús dice: "Si alguien quiere". Debemos recordar que Jesús es un caballero. Él nunca forzará su camino en la vida de nadie. Él está diciendo aquí: "Tú tomas la decisión. Depende de ti". Así que es una decisión de nuestro intelecto, emociones y espíritu. Proactivamente, con una intención seria, tomamos la decisión de invitar personalmente a Jesucristo para que se convierta en el único rey supremo y gobernante sobre el principado de nuestros corazones.

. . . ser mi discípulo . . .

Esta es la invitación específica de Jesús a convertirse en su discípulo o seguidor. Parte de este compromiso significa que llegaremos a ser como Jesús, como él afirma en Lucas 6:40: "El discípulo no está por encima de su maestro, pero todo el que haya completado su aprendizaje a lo sumo llega al nivel de su maestro". Llegar a ser como Jesús en todas las áreas de nuestra vida debería ser uno de los principales objetivos de todo seguidor de Cristo. Pablo enseña sobre este mismo punto en Efesios 4:13 cuando describe el propósito final de llamar a varios tipos de líderes de la iglesia: "todos llegaremos a la unidad de la fe y del conocimiento del Hijo de Dios, *a una humanidad perfecta que se conforme a la plena estatura de Cristo*". Un deseo creciente del corazón

Conversión y transformación de un anciano

de todo anciano o líder que sigue verdaderamente a Cristo es el deseo de llegar a ser como Jesús en todos los sentidos. Tal vez el máximo cumplido en la vida de un líder cristiano sería que alguien le dijera que le recuerda a Jesús.

…que se niegue a sí mismo…

Claramente, Jesús está pidiendo que estemos dispuestos a negarnos a nosotros mismos para seguirle. Jesús nos pide que tomemos una decisión sobre quién tendrá el control de nuestras vidas. El acto de negarnos a nosotros mismos significa simplemente que nos diremos no a nosotros mismos y sí a Jesús. Dejaremos de estar a cargo de nuestras vidas, entregando voluntariamente su dirección y control a Cristo. Nos pide que clavemos nuestras voluntades en nuestras propias cruces personales. Al hacerlo, le damos a Dios el control de nuestras opciones de vida, decisiones, tiempo, dinero, familia y futuro. ¿Quién tiene en última instancia el control de nuestras vidas? Debe ser siempre Jesús. Esta decisión es la base de nuestra relación con Cristo. Dallas Willard observa:

> La negación de sí mismo nunca debe confundirse con el rechazo *de sí mismo*; tampoco debe considerarse como un acto doloroso y extenuante, que quizás se repita de vez en cuando contra una gran resistencia interna. Es, más bien, una condición general y establecida de la vida en el reino de Dios, mejor descrita como "muerte al yo". En esto y sólo en esto reside la clave de la restauración del alma. La formación espiritual cristiana se apoya en este fundamento indispensable de la muerte al yo y no puede avanzar sino en la medida en que ese fundamento esté firmemente establecido y sostenido.[6]

---

[6] Dallas Willard, Renovation of the Heart: Putting on the Character of Christ (Renovación del corazón: poniendo el carácter de Cristo) (Colorado Springs, Colorado: NavPress Group, 2004), p. 64.

Responder a su llamado

Dietrich Bonhoeffer también comentó esta lucha en sus escritos:

> El discípulo debe decirse a sí mismo las mismas palabras que Pedro dijo de Cristo cuando lo negó: "No conozco a este hombre". La negación de sí mismo no es nunca una serie de actos aislados de mortificación o ascetismo. No es un suicidio, porque incluso en eso hay un elemento de voluntad propia. Negarse a sí mismo es ser consciente sólo de Cristo y no más de uno mismo, ver sólo al que va delante y no más el camino que es demasiado duro para nosotros. Una vez más, todo lo que la negación de sí mismo puede decir es: Él guía el camino, mantente cerca de él.[7]

C.S. Lewis observó:

> El camino cristiano es diferente; más difícil y más fácil. Cristo dice: "Dadme todo. No quiero tanto de tu tiempo, ni tanto de tu dinero, ni tanto de tu trabajo: Te quiero a ti. No he venido a atormentar tu ser natural, sino a matarlo. Ninguna medida a medias es buena. No quiero cortar una rama por aquí y otra por allá, quiero derribar todo el árbol. No quiero taladrar el diente, ni coronarlo, ni detenerlo, sino tenerlo fuera. Entrega todo tu ser natural, todos los deseos que consideras inocentes, así como los que consideras perversos, todo el conjunto. Yo te daré un nuevo yo en su lugar. De hecho, te daré a mí mismo: mi propia voluntad se convertirá en la tuya.[8]

El punto de Lewis es conmovedor y claro. Señala que Jesús nos pide todo. Un importante ministerio de evangelización tiene como parte de su enseñanza la idea de que hay un trono en la vida de cada persona. Crearon un gráfico que representa dos tronos. En un trono hay una gran «E» - *el ego de una persona*. En el segundo trono hay una cruz, que representa a *Cristo*. La pregunta es: "En tu vida, ¿quién está en el trono?" Esta es la cuestión clave para cada uno de nosotros. *¿Quién reina en el trono? ¿De quién es el control y qué tipo de obediencia se produce como resultado?* Claramente, hay dos entidades

---

[7] Dietrich Bonhoeffer, *The Cost of Discipleship* (El costo del discipulado) (New York: The Macmilla Company, 1969), p. 97

[8] C. S. Lewis, Mere Christianity (Mero cristianismo) (Nueva York, Nueva York: HarperCollins) 2001, pp.196-197.

Conversión y transformación de un anciano

aquí, y están en disputa: o yo mismo, o "Cristo vive en mí" (Gálatas 2:20). Y esto es exactamente a lo que se refiere Jesús cuando nos pide que nos neguemos a nosotros mismos.

Significa que estoy cediendo voluntariamente el control de mi vida a Jesucristo, sabiendo y confiando en que él hará su voluntad en mí en cada situación. A medida que el líder cristiano continúa creciendo en la fe, entiende cada vez más el concepto de morir a sí mismo. Dallas Willard lo expresa muy bien cuando afirma,

> [Morir a sí mismo] es un elemento fundamental e indispensable en la renovación del corazón, del alma y de la vida. Estar muerto a sí mismo es la condición en la que el simple hecho de no conseguir lo que quiero no me sorprende ni me ofende y no tiene ningún control sobre mí.[9]

Para reflexionar: ¿Hay algún aspecto de tu vida en el que Jesús no es visible? Aunque él puede ser visto a través de tu vida, ¿es un poco menos visible en un aspecto particular que en otros?

. . . lleve su cruz cada día y me siga.

Jesús continúa explicando cómo destruimos nuestra voluntad. Su declaración es vívida y dramática. Dice que cada persona debe estar dispuesta a "llevar su cruz cada día y seguirlo", o sea, morir a nuestra voluntad y permitir que él tenga el control de nuestras vidas. "Cuando Cristo llama a un hombre, le ordena que venga y muera".[10] Una de las cosas que podemos amar de Jesús es que nunca nos pide que hagamos algo que él no estuviera dispuesto a hacer primero. Jesús nos llama a crucificarnos para convertirnos en sus seguidores. Entonces él va primero, como nuestro ejemplo, y nos muestra cómo se hace. Vernon Grounds escribió sobre la "mentalidad de Getsemaní"

---

[9] Willard, *Renovation of the Heart* (Renueva tu corazón), p. 71

[10] Bonhoeffer, *The Cost of Discipleship* (El costo del discipulado), p. 99.

Responder a su llamado

(la actitud demostrada por Jesucristo en la noche de su traición).[11] La actitud de Jesús fue que estaba dispuesto a morir en la cruz por nuestra salvación. Debemos estar dispuestos a morir a nosotros mismos para convertirnos en auténticos discípulos siguiendo a nuestro Señor, que dio el ejemplo. Jesús siempre marca el paso.

El apóstol Pablo entendió claramente este concepto. Escribe:

> He sido crucificado con Cristo, y ya no vivo yo, sino que Cristo vive en mí. Lo que ahora vivo en el cuerpo, lo vivo por la fe en el Hijo de Dios, quien me amó y dio su vida por mí (Gálatas 2:20).
>
> En cuanto a mí, jamás se me ocurra jactarme de otra cosa sino de la cruz de nuestro Señor Jesucristo, por quien el mundo ha sido crucificado para mí, y yo para el mundo (Gálatas 6:14).
>
> Los que son de Cristo Jesús han crucificado la naturaleza pecaminosa con sus pasiones y deseos (Gálatas 5:24).
>
> Sabemos que nuestra vieja naturaleza fue crucificada con él para que nuestro cuerpo pecaminoso perdiera su poder, de modo que ya no siguiéramos siendo esclavos del pecado (Romanos 6:6).

Jesús fue el modelo de lo que nos pide que hagamos. ¿Las personas que escuchaban las enseñanzas de Jesús entendían lo que él quería decir cuando decía: "Toma tu cruz?" La historia nos dice que sí. Sabemos que la crucifixión comenzó unos 200 años antes de la época de Cristo. Se cree que los cartagineses o los fenicios iniciaron la práctica. Para la época de Jesús, los romanos habían llevado la práctica de la muerte a un nivel de dolor y tortura sin precedentes. Sin duda, la gente del mundo mediterráneo la conocía. En un artículo titulado "El Camino de la Cruz", el autor Skip Grey escribe:

> La tradición cuenta que, cuando Jesús era un adolescente, hubo una rebelión de los judíos cerca de donde vivía. El ejército romano aplastó la rebelión y, para darles una lección a los judíos, crucificó a un israelita cada diez metros a lo largo de un camino

---

[11]Vernon Grounds, *Radical Commitment* (Compromiso radical) (Portland, Oregon: Multnomah Publishers) 1984, p. 41.

Conversión y transformación de un anciano

de 16 kilómetros. La visión de unas 1.760 personas muertas o agonizando en cruces espaciadas cada 10 metros por más de 10 millas debió haber dejado una impresión indeleble en la mente de un adolescente. Mucho antes de su propia muerte, la cruz era una realidad fea y espantosa.[12]

Jesús nos llama a morir, a decir "Sí" a él y "No" a nosotros mismos. Esto no es natural ni fácil para nadie, pero es el paso que nos permite cumplir la petición de Jesús en nuestras vidas. En nuestros días, puede que nos cueste identificarnos con esta penetrante petición de Jesús. En lenguaje moderno, Jesús podría decirnos: "Si alguien quiere seguirme, debe atarse a su propia silla eléctrica y accionar el interruptor". O podría decir: "Si quieres seguirme, debes tumbarte en una camilla, insertar la aguja para recibir una inyección letal intravenosa y apretar el botón". Esta petición puede parecernos chocante, pero la petición de Jesús de eliminar nuestra voluntad es absolutamente necesaria. No puede haber dos entidades dirigiendo nuestras vidas. Tiene que ser Jesús quien sea a la vez el Salvador y el Señor de nuestras vidas.

Sólo tenemos un objetivo: hacer la voluntad del Padre (Juan 5:19), como hizo Jesús. Sabiendo esto, simplemente no tenemos planes propios. Los planes del Señor se convierten en nuestros planes. Su programa, su corazón y su dirección se convierten en los nuestros. Nuestra primera oración diaria se convierte en «Hágase tu voluntad en mi vida, Señor. No la mía, sino la tuya».

¿Cómo respondemos a esta petición de nuestro Señor? ¿Cómo lo hacemos realidad? ¿Cómo se hace realidad en nuestras vidas esta dura petición de nuestro Maestro? Hay que tener en cuenta varias cosas:

En primer lugar, entendemos que lo que Jesús nos pide es muy difícil de asimilar y cumplir. No es fácil para nosotros querer que nuestra propia voluntad muera. Se requiere una decisión de nuestro

---

[12] Skip Grey, "The Way of the Cross" (El camino de la cruz), *Discipleship Journal* 31, (1986), p. 6.

Responder a su llamado

intelecto, voluntad y emociones para que esto suceda. Pero decidir dar ese paso es la clave: decidir que voy a obedecer a Cristo.

En segundo lugar, nos damos cuenta de que se necesita tiempo para cumplir plenamente esta petición. La decisión de seguir a Cristo de esta manera puede tomarse en un instante; pero llevarla a cabo lleva toda una vida. En su libro, *You Gotta Keep Dancin'* (Tienes que seguir bailando), Tim Hansel escribe:

> Cuando era joven en la fe y luchaba con el concepto de estar crucificado con Cristo, le pregunté a una santa anciana: "¿Por qué, si mi vieja naturaleza ha sido crucificada con Cristo, aún sigue haciendo movimientos de que sigue con vida?". Ella sonrió y, con voz tranquila, dijo: "Debes recordar, Tim, que la crucifixión es una muerte lenta".[13] Dallas Willard nos recuerda: "El 'castillo interior' del alma humana tiene muchas habitaciones, y son ocupadas lentamente por Dios, dándonos tiempo y espacio para crecer".[14]

En tercer lugar, hay ayuda para nosotros en el cumplimiento de la petición de Jesús. Jesús no nos dejó sin ayuda. Él nos envía diariamente ayuda y estímulo a través del Espíritu Santo y su presencia en nuestras vidas. Jesús nos dijo:

> Y yo le pediré al Padre, y él les dará otro consolador para que los acompañe siempre: el Espíritu de verdad, a quien el mundo no puede aceptar, porque no lo ve ni lo conoce. Pero ustedes sí lo conocen, porque vive con ustedes y estará en ustedes (Juan 14:16-17).

Los compañeros cristianos que componen la familia de nuestra iglesia y otros creyentes que conocemos pueden ser de gran ayuda para proporcionarnos ánimo, apoyo y motivación a medida que avanzamos en nuestro camino individual.

George Muller, uno de los grandes espirituales de antaño, cuenta su trayectoria personal en el seguimiento de Cristo.

---

[13] Tim Hansel, *You Gotta Keep Dancin'* (Tienes que seguir bailando) (Elgin, Illinois: David C. Cook Publishing Co) 1985, p. 127.

[14] Dallas Willard, *The Divine Conspiracy* (La conspiración divina) (Nueva York, Nueva York: HarperCollins Publishers) 1998, p. 30.

Conversión y transformación de un anciano

> Me convertí en creyente del Señor Jesús a principios de noviembre de 1825. . . . Durante los primeros cuatro años posteriores, fue un periodo de gran debilidad; pero en julio de 1829 . . . llegó a mí una entera y plena entrega de corazón. Me entregué plenamente al Señor. El honor, el placer, el dinero, mis poderes físicos, mis poderes mentales, todo fue puesto a los pies de Jesús, y me convertí en un gran amante de la Palabra de Dios. Encontré mi todo en Dios. . . . Hubo un día en que morí, morí completamente; morí a George Muller, a sus opiniones, preferencias, gustos y voluntad, morí al mundo, a su aprobación o censura, morí a la aprobación o culpa incluso de mis hermanos y amigos, y desde entonces me he esforzado por presentarme a Dios como uno aprobado.[15]

Dios está llamando a cada líder de su iglesia para que crezca en un compromiso total, experimentando una transformación espiritual personal. Este no es un llamado fácil, pero es absolutamente necesario que los líderes respondan. Dios sabe que este proceso lleva tiempo. Mientras se nos llama a ser perfectos (ver Mateo 5:48), se nos permite tropezar durante el proceso de transformación. Dios nos llama a madurar y a crecer espiritualmente.

Otra cosa que hay que notar en esta última frase de la petición de Jesús es la idea de la frecuencia. Cuando incluye la frase "cada día", vemos el horario de la petición. Jesús no nos llama a morirnos a nosotros mismos una vez, ni una vez al año, ni una vez al mes, ni una vez a la semana. Para el auténtico seguidor, es diario. Se convierte en parte de nuestra existencia diaria. Así que la petición de Jesús es clara, nos dice a cada uno: "Si realmente quieres ser mi discípulo, debes decidir morir a ti mismo y vivir cada día para mí. Nada menos que esto es aceptable para convertirse en mi discípulo".

---

[15] Roger Steer, "Seeking First the Kingdom: The Secret of George Muller's Spiritual Peace" (Buscar primeramente el reino: El secreto de la paz espiritual de Jorge Muller), *Discipleship Journal* 31, (1986), p. 24.

EXHORTACIÓN DE PABLO

Pablo ilumina aún más esta enseñanza de Jesús al escribir su carta a los cristianos romanos. Describe cuidadosamente el proceso de transformación:

> Por lo tanto, hermanos, tomando en cuenta la misericordia de Dios, les ruego que cada uno de ustedes, en adoración espiritual, ofrezca su cuerpo como sacrificio vivo, santo y agradable a Dios. No se amolden al mundo actual, sino sean transformados mediante la renovación de su mente. Así podrán comprobar cuál es la voluntad de Dios, buena, agradable y perfecta. (vv. 12:1-2)

Pablo dice claramente que cuando una persona llega a creer en Jesús como el Mesías, experimenta un genuino arrepentimiento del pecado y recibe el bautismo cristiano, una nueva vida se forma en ese creyente. Una transformación espiritual debe tener lugar en la vida de esa persona.

La palabra utilizada en el idioma original en Romanos 12:2 para "transformación" es *metamorfousthe*. Reconocemos una palabra derivada de esta, metamorfosis, de la clase de biología en la escuela secundaria. Es la descripción de un animal que es un tipo de criatura y, muy rápidamente, cambia radicalmente en algo muy diferente, ¡una obra de la naturaleza realmente sorprendente! Los renacuajos se convierten en ranas, las orugas en mariposas, etc. Es interesante que Pablo utilice esta palabra para describir lo que ocurre en un nuevo cristiano. Así como hay un cambio en la naturaleza de una oruga cuando se convierte en mariposa, debe haber un cambio en la naturaleza de una persona cuando se convierte en cristiano. Es una metamorfosis espiritual; no hay un cambio físico en el exterior, pero un cambio milagroso tiene lugar en el corazón y la mente. Este hermoso cuadro de palabras que nos da Pablo aclara el proceso. Cuando venimos genuinamente a Cristo, nuestra naturaleza cambia para reflejar la mente de Jesús en nuestras vidas.

Conversión y transformación de un anciano

En 2 Corintios 5:17 Pablo añade otro punto de aclaración cuando nos recuerda: "Por lo tanto, si alguno está en Cristo, es una nueva creación. ¡Lo viejo ha pasado, ha llegado ya lo nuevo!" Pablo nos recuerda que nuestra nueva vida en Cristo implica un cambio a mejor. Después de Cristo, no somos los mismos. Lo viejo se ha ido, y lo nuevo ha llegado.

Para reflexionar: ¿Puedes pensar en algún paso concreto que puedas tomar para tener un camino aún más cercano con Jesús?

APLICAR LO QUE SABEMOS

¿Por qué incluimos este extenso tratado sobre la transformación de un creyente en un libro sobre ancianos y líderes de la iglesia? Considera lo siguiente: los que estudian el evangelismo han identificado varias clasificaciones de personas que necesitan ser alcanzadas con el evangelio. Se identifican de la siguiente manera:

- E3: La evangelización que traspasa las barreras lingüísticas.

- E2: La evangelización que supera las barreras étnicas, culturales y clases sociales.

- E1: La evangelización que alcanza a personas geográficamente cercanas y de cultura similar a la congregación.

- E0: La evangelización que alcanza a los inconversos de la congregación.[16]

La etiqueta "E0" también puede llamarse "intraevangelización". Podemos haber escuchado a este grupo de asistentes de la iglesia ser llamados "cristianos teóricos". Son personas que se consideran participantes activos en las actividades y ministerios de la iglesia. La verdad es que, aunque participen en ciertas actividades y asistan a los servicios, probablemente nunca han pasado por una auténtica

---

[16] Joe Ellis, "Get Real, Church: Becoming a Fully Functional Authentic Biblical Community" (Enfrentar la realidad como iglesia: Una comunidad funcional, auténtico y bíblico), Manuscrito inédito (2003), cap.7, p.2.

experiencia de conversión, nunca han sido transformados en su mundo interior. Jesús también se enfrentó a este dilema cuando se encontró con líderes espirituales, fariseos y saduceos, que tenían todos los símbolos exteriores de la fe y ministraban en el templo, pero estaban muy lejos de Dios en sus interiores. Pablo también advirtió sobre tales personas en Filipenses 1:15-18. Los hombres en su círculo de relaciones estaban ministrando a personas en el nombre de Jesús por motivos impuros, lo que creaba envidia y disputas. El problema no es nuevo, y todavía prevalece hoy, encontrándose ampliamente en la vida de la iglesia.

A la luz de esta verdad, las congregaciones locales pueden tener personas en posiciones clave de liderazgo que caen en la categoría de miembros cristianos teóricos. Algunas congregaciones pueden tener un simple estándar de "ser miembro de la iglesia" como único requisito firme para liderar como anciano. Aunque son muy conscientes de las doctrinas bíblicas, las iglesias a veces colocan a personas en puestos de liderazgo porque tienen éxito en los negocios, tienen familias respetables, asisten a los servicios de la iglesia con regularidad y donan económicamente a la causa de la iglesia. Aunque cada uno de estos puntos es deseable y puede ser evidencia de cosas buenas en la vida del líder, estos elementos por sí solos no pueden garantizar el fundamento necesario de una conversión genuina y una transformación personal. Por lo tanto, las personas que nunca han experimentado el poder transformador de negarse a sí mismo en obediencia a Cristo son nombrados ancianos o colocados en posiciones influyentes. Al hacerlo, obtienen una gran influencia en la vida y la dirección de una iglesia. Las personas pueden ser colocadas en posiciones de ancianos que pueden no tener una visión cristiana del mundo, no conocen realmente la enseñanza bíblica sobre muchos temas, o no han desarrollado la mente de Cristo. Los cristianos carnales que son puestos en posiciones claves de liderazgo no guiarán a la iglesia con la mente y el corazón de Jesús. Los problemas, dificultades y luchas que resultan pueden ser devastadoras. Esta es una explicación para el comportamiento no

Conversión y transformación de un anciano

cristiano, acciones carnales y decisiones duras de algunas personas que ocupan el papel de anciano o ministro.

Problemas con el ego, la necesidad de prominencia y control que resultan en luchas por el poder, la falta de amor, paciencia y tolerancia en medio de conversaciones coléricas, son todos estos defectos que se presentan en los entornos de liderazgo. Amigos, ¡este comportamiento no debería encontrarse en el liderazgo (o seguimiento) del cuerpo de Cristo! Permíteme hacer este punto con absoluta claridad: no es que aquellos colocados en el papel de anciano tienen que ser perfectos. Si ese fuera el caso, nadie sería anciano. Dios acepta y trabaja con personas no perfectas; pero en el caso de los que dirigen la iglesia, Dios los llama a la madurez y a la profundidad de espíritu. Están llamados a un liderazgo fuerte y espiritual, enraizado en la guía y la convicción del Espíritu Santo. Esta es exactamente la razón por la que Pablo le dice a Timoteo que no instale a los nuevos creyentes en funciones de ancianos; no han tenido el tiempo necesario para madurar en su relación con Cristo.

Cada persona que compone el equipo de liderazgo espiritual de una iglesia debería estar viviendo una vida transformada. Son personas que conocen profundamente a Jesús y se crucifican a sí mismas diariamente. Entienden que vivir para Jesús con autenticidad es el corazón de estar en el arnés del liderazgo. Para llegar a ser un anciano, una persona debe haber encontrado al Cristo que vive, haber escuchado su llamado al discipulado auténtico y debe estar buscando vivir una vida crucificada con la ayuda del Espíritu Santo. Si se descubre que un hombre no está buscando a Cristo de esta manera, debería revisar definitivamente su llamado a liderar. Si un hombre está sirviendo actualmente como anciano y no está luchando por morir a sí mismo, debe considerar la posibilidad de renunciar a su papel de liderazgo hasta que haya tomado la decisión proactiva de seguir a Cristo en este nivel.

Responder a su llamado

La iglesia debe proveer la enseñanza, el apoyo, el estímulo y el amor a todos los hombres que están en funciones de liderazgo. Deben ser levantados regularmente en oración. La paciencia, la indulgencia y la gracia deben extenderse a todos los líderes que realmente se están acercando a Cristo a medida que avanzan en sus viajes espirituales.

A la luz de lo que Jesús pide en una vida transformada, ¿pueden las personas que están en los principales roles de liderazgo del cuerpo de Cristo poseer algo menos? ¡Unámonos como líderes y persigamos a Jesús, viviendo vidas transformadas con todo nuestro corazón!

Para debate y reflexionar en grupo:

- ¿En qué sentido este capítulo te ha "puesto los pies en la tierra?"
- ¿A qué cambios en tu vida te puede impulsar este capítulo?
- ¿Cómo promovemos, como ancianos, el crecimiento espiritual de los demás?
- Como ancianos, ¿somos conscientes de alguna actitud, acción o hábito del que deberíamos arrepentirnos?
- ¿Dónde podemos ejemplificar más a Jesús en nuestro papel de ancianos?
- Como ancianos, ¿cómo podemos desarrollar mejor un verdadero sentido de responsabilidad y estímulo?

Capítulo 3

Cualidades bíblicas de un anciano

Jim Estep

Todos entendemos que Dios llama a los líderes para que sirvan y guíen a la congregación, pero ¿qué es exactamente lo que estamos llamados a ser? El llamado es más que estar orientado a una tarea; es un llamado a ser algo. La Escritura advierte que un anciano sirve ". . . no por obligación ni por ambición de dinero, sino con afán de servir, como Dios quiere." (1 Pedro 5:2). Un anciano es alguien que "desea ser obispo" (1 Timoteo 3:1). Dios llama a individuos que no sólo sean capaces, sino que también estén dispuestos a responder favorablemente a él. Es cierto que Dios puede utilizar a un líder renuente, y muchos de los líderes más notables de la Biblia comenzaron con un momento de indecisión y renuencia a atender el llamado de Dios: Moisés, Josué, Jonás, Jeremías; ¡incluso Pablo! Pero en última instancia, un anciano es alguien que ha sometido voluntariamente su vida al llamado de Jesucristo para servir como líder dentro de la congregación, alguien cuyas cualidades de vida demuestran su conversión y transformación.

Como me dijo un amigo y anciano durante una época de conflicto eclesiástico muy volátil, "A veces quieres ser anciano, y otras veces sabes que Dios quiere que desees ser anciano". No basta con querer ser un anciano; uno tiene que poseer las expectativas básicas de un anciano como se describe en las Escrituras. Cuando alguien tiene las cualidades de vida bíblicas para el liderazgo, está equipado para asumir el rol de anciano. Este capítulo no pretende ser una exégesis exhaustiva de los requisitos bíblicos para ser anciano, que pueden ser proporcionados por numerosos comentarios; tampoco pretende perfilar definitivamente las tareas esenciales de un anciano, ni debatir la organización de la iglesia. Más bien, se limitará a plantear la siguiente pregunta: Desde el punto de vista bíblico, ¿cuáles son las expectativas de un anciano? Y para responder a esta pregunta, estudiaremos 1 Timoteo, Tito y 1 Pedro, centrándonos en el llamamiento al anciano para que sea irreprochable.[17]

> ***Para reflexionar:*** ¿Puedes pensar en algún momento durante tu posición como anciano en el que también hayas sentido que "Dios quiere que seas anciano"? ¿Cómo superaste la situación? ¿Cómo influyó esto en tu comprensión de lo que significa ser un anciano?

LA CUALIDAD ESENCIAL: INTACHABLE

El difunto presidente Ronald Reagan es recordado por el título de "El Gran Comunicador", y por un apodo quizá aún más apropiado para nuestra discusión en este capítulo, "El Presidente de Teflón". Nada se le podía "pegar". Era ciertamente imperfecto, e incluso reconocía sus errores de juicio o equivocaciones, asumiendo la responsabilidad e incluso pidiendo el perdón al país; pero las acusaciones de indecencia o los cuestionamientos de su carácter simplemente nunca se pegaban. Esta es la cualidad que Dios desea en un anciano. Pablo escribe que "el obispo debe ser intachable" (1 Timoteo 3:2) y, a Tito repite lo mismo: "el anciano debe ser intachable" (Tito 1:6). Aunque Pablo utiliza dos palabras diferentes para describir esta cualidad de un líder de la congregación en estos dos versículos, ambas transmiten la misma idea esencial y en la *NVI* se traducen con la misma palabra castellana:

---

[17]Cabe señalar que algunos comentaristas consideran que "anciano" en 1 Pedro no se refiere al cargo de anciano en la iglesia, sino en el sentido general de "anciano" como individuo de mayor edad.

intachable. La persona es irreprochable o inculpable, o sea, ¡nada se le pega!

Considera un escenario: Seleccionan hombres para servir como candidatos para servir como ancianos en su congregación. Antes de aprobarlos como ancianos, deben informar a la congregación acerca de los que están en la lista para que la iglesia también los considere. En el momento del anuncio, estás de pie en el santuario o el salón de la confraternidad lleno de gente, listo para anunciar los nombres. Entonces, mientras lees varios de ellos, notas sonrisas, algunos aplausos, quizás risas, un hombre cerca del fondo grita "¡Amén! "Pero entonces, al leer un nombre, no solo se produce un silencio, sino un jadeo o respiro, el sonido de murmullos y susurros. Más tarde, se te acercan varias personas que cuestionan su inclusión en la lista, levantando sospechas de malos motivos, de acciones equivocadas y de creencias cuestionables. Independientemente de lo que se pueda decir del candidato, su capacidad para servir como un líder intachable, que no atraiga sospechas ni cree distracciones para el liderazgo de la congregación, se ha quedado corta. ¿Recuerda la amonestación de Pablo a la congregación de Corinto en 1 Corintios 5:1? "Es ya del dominio público que hay entre ustedes un caso de inmoralidad sexual que ni siquiera entre los paganos se tolera . . ." El ser intachable es una preocupación para el líder no sólo dentro de la iglesia, sino incluso dentro de la comunidad más amplia a la que la iglesia sirve. Si un anciano no es intachable o irreprochable, no puede liderar eficazmente la congregación, ni ser un testigo para la comunidad de Cristo y su iglesia.

¿Lista de control o carácter vital?

Llegar a ser un anciano es mucho más que simplemente querer servir. Cuando Pablo y Pedro escribieron sus cartas (1 Timoteo, Tito, 1 Pedro), proporcionaron descripciones, dando un vistazo de lo que debe ser un anciano. Pero, ¿cómo debemos abordar estas listas? Aunque las listas se parecen mucho unas a otras, e incluso son paralelas en

Responder a su llamado

aspectos significativos, no coinciden perfectamente. (Ver el apéndice al final de este libro).

De hecho, varios comentaristas coinciden en que las listas de Pablo tienen mucho en común con una lista que describe las cualidades de un funcionario de la ciudad o incluso de un general militar en la antigua cultura romana.[18] La principal preocupación de cada descripción es que un anciano sea irreprochable, capaz de servir de ejemplo a la iglesia, estando más allá de las acusaciones de cristianos y no cristianos. La lista de cualidades de vida que se ofrece simplemente explica el concepto de ser intachable, como si Pablo y Pedro dijeran: "Sabes cómo es una persona irreprochable, ¿verdad? Es ser . . ."

Antes de ocuparnos de la naturaleza específica de las cualidades de liderazgo que figuran en las listas, debemos plantearnos varias preguntas que son fundamentales para la aplicación adecuada de estas cualidades. Por ejemplo, en nuestra cultura actual de altas tasas de divorcio, ¿qué significa, y qué debería significar, que un hombre sea "marido de una sola mujer"[19] Las congregaciones deben abordar estas difíciles preguntas para tener procesos de selección de ancianos consistentemente efectivos; la claridad en tales preguntas ayudará a los actuales grupos de ancianos a servir juntos de una manera más efectiva.

¿Cuál es el significado bíblico correcto de una lista de cualidades? ¿Qué significa realmente que un hombre sea "no borracho", "marido de una sola mujer" o "no iracundo?" ¿Significa que un anciano puede beber, pero no emborracharse? ¿Significa que un anciano *debe* estar casado? ¿Debemos eliminar a los viudos del equipo de ancianos? Si

---

[18] Ver Burton Scott Easton, *The Pastoral Epistles* (Las epístolas pastorales) (Nueva York: Charles Scribner's Sons, 1947), pp. 83-84, 130-131; Martin Sibelius y Hans Counselman, The Pastoral Epistles (Las epístolas pastorales) (Filadelfia: Fortress Press, 1972), pp. 50-57; Anthony Tyrrell Hanson, *The Pastoral Letters* (Las cartas pastorales) (Cambridge: University Press, 1966), pp. 39-40, 109.

[19] James Riley Estep, Jr., "Can the Divorced Man be 'the husband of one wife?" (¿Puede el hombre divorciado ser ‹marido de una sola esposa›?») *Christian Standard* (18 de abril de 1993), pp. 14-16.

un hombre se apasiona por la injusticia, ¿equivale eso a ser iracundo? Hasta que preguntas como éstas no sean estudiadas y acordadas por un grupo de ancianos y una congregación, será prácticamente imposible hacer un uso beneficioso de los escritos de Pedro y Pablo.

Además, ¿aplicamos de forma coherente todas las cualidades? Si todas las cualidades se consideran igual de importantes, ¿las aplicamos realmente de forma consecuente? ¿Hay una o dos cualificaciones que predominan sobre las demás? Por ejemplo, imaginemos que se propone el nombre de un hombre como candidato a anciano y que es conocido por ser generalmente colérico y gruñón, pero tolerable; otro hombre es conocido por querer servir fervientemente, pero sólo lleva dos años como cristiano. ¿Deben ambos ser descalificados, se hace una concesión para cada uno, o se debe dar cabida a uno, pero no al otro? ¿Y por qué?

¿Cómo refleja cada elemento de la lista la idea de ser intachable? La cualidad clave y fundamental es la *irreprochabilidad*. Para utilizar adecuadamente estas cualidades vitales como criterios de selección, es necesario comprender cómo se relacionan con ese ideal central. Por ejemplo, si a un candidato se le pide que sea considerado como anciano, pero él rechaza argumentando que "no soy muy buen maestro", y sin embargo otros en la congregación han compartido lo mucho que valoran sus lecciones de la escuela dominical, él sí tiene el respeto de la congregación y debe ser considerado como *irreprochable* por ellos en ese sentido, a pesar de ser autocrítico de sus habilidades de enseñanza.

¿Qué pasa si un candidato cometió una infracción antes de su conversión? ¿Qué pasa si alguien cometió un delito financiero hace años, fue a la cárcel, y luego se convirtió en cristiano, y se ha mantenido "intachable" financieramente desde su liberación? ¿Estaría calificado para servir como anciano? ¿Qué pasa con un hombre que se divorció antes de ser cristiano, se volvió a casar y ahora tiene una familia ejemplar en la congregación y la comunidad? ¿Se le echaría en cara el divorcio? ¿Qué pasa si un hombre tiene una razón bíblicamente aceptable para una acción determinada? Particularmente en el caso de "marido de una sola mujer", si *mantenemos* que esta es una cualificación que excluye a los hombres divorciados de servir como ancianos, ¿cuál es la causa del divorcio? ¿Se debió al adulterio o abandono de la esposa? ¿Y si se tratara efectivamente de un caso descrito en 1 Corintios 7, un divorcio resultante de desigualdades de la fe después de que el marido se hiciera cristiano, mientras que la esposa permanecía fuera de la fe? Tal vez habría que examinar el motivo, y no la simple acción. Ha habido seis interpretaciones a lo largo de la historia de la iglesia de "marido de una sola mujer". Esto también está en forma de apéndice al final de este libro.

Sobre todo, debemos evitar el extremo del perfeccionismo, que sólo puede conducir a la parálisis espiritual o al legalismo farisaico. Ninguno de nosotros puede leer estas palabras de Pedro y Pablo y decir: "Tengo estas cualidades el 100% de las veces en cada situación sin culpa ni excusas". *No estamos libres de pecado.* Eso no es lo que Dios espera, ya que él es plenamente consciente de todos nuestros defectos. Más bien, debemos preguntarnos si este individuo es intachable para servir de ejemplo a la congregación y de testimonio a la comunidad. *Ese* es el tema central.

Para reflexionar: ¿Has luchado contra el perfeccionismo? ¿Cómo equilibras el llamado a la "intachabilidad" mientras reconoces tus defectos muy humanos?

Cómo entender las cualidades de los ancianos

La llamada de Dios a un liderazgo irreprochable se refleja en la lista de cualidades del anciano. Tanto Pablo como Pedro expresan su preocupación por la impecabilidad de los ancianos y esto se refleja en sus expectativas para el liderazgo. La expectativa bíblica de ser intachable tiene varias dimensiones. No se trata simplemente de una evaluación personal del propio carácter, los deseos o las capacidades, sino de un llamamiento a servir irreprochablemente ante Dios, los demás, la familia y a sí mismo.

La expectativa de ser irreprochable ante Dios: ¿Cómo evaluarías tu relación con Dios? Aunque nadie es perfecto, de hecho, todos deberíamos decir con Pablo: "No desecho la gracia de Dios" (Gálatas 2:21). ¿Tengo una relación personal, honesta y sincera con él? Esta medida de irreprochabilidad se refleja mejor en varias de las cualidades deseadas de un anciano. Pedro lo expresa mejor cuando escribe que un anciano (pastor) recibirá una corona del Pastor supremo; somos afirmados por él (1 Pedro 5:4). Un anciano también debe tener una irreprochabilidad teológica ante Dios. Por ejemplo, debe "apegarse a la palabra fiel", (Tito 1:9) y ser capaz de enseñar la verdad (1 Timoteo 3:2, 5:17). También debe ser "disciplinado y santo" (Tito 1:8), tener un motivo piadoso para desear servir como anciano (1 Pedro 5:2) y amar lo que es bueno a los ojos de Dios (Tito 1:8). Dado que parte de la irreprochabilidad requiere una relación madura con Dios, Pablo nos recuerda que un anciano "no debe ser un recién convertido" (1 Timoteo 3:6). Ser un líder irreprochable supone que nuestra relación con Dios es espiritualmente madura, y que está madurando aún más.

Recuerda la crítica de Pablo a la iglesia de Corinto: "Yo, hermanos, no pude dirigirme a ustedes como a espirituales, sino como a inmaduros, apenas niños en Cristo." (1 Corintios 3:1). Tal crítica no debe aplicarse nunca a los ancianos. No podemos llevar a otros a una fe madura en Cristo si primero no poseemos y cultivamos dicha fe. Dios espera que los líderes de una congregación sean intachables ante él.

Responder a su llamado

Para reflexionar: Intachable ante Dios - Identifica cinco términos que describan tu relación con Dios.

_____

_____

_____

_____

La expectativa de ser irreprochable ante los demás: Durante los años de elecciones (que son cada dos años en Estados Unidos), se plantea la cuestión del "vetting" (investigación). Antes de que un individuo se presente como candidato a un cargo público, se examina su pasado y su presente. La persona es entrevistada e interrogada, casi hasta el punto de la inquisición, todo ello para asegurarse de que está bien cualificada para ser presentada como candidata a un cargo público. El propósito general del proceso de investigación es asegurar que las acciones y el comportamiento del individuo no entraron ni entrarán en conflicto con el cargo al que aspira.

Como anciano o posible anciano, ¿cómo le describen los demás? ¿En qué medida son irreprochables sus interacciones con las personas de la iglesia? ¿Y en la comunidad? Esta preocupación es, en gran medida, una cuestión de carácter interpersonal. Las relaciones espirituales existen tanto vertical como horizontalmente. La expectativa de Dios en cuanto a la irreprochabilidad se refiere no sólo a la posición de uno ante un Dios perdonador y misericordioso, sino también a la reputación de uno entre los demás, dentro y fuera de la congregación. ¿Puede el individuo ser presentado a la congregación como un líder irreprochable? ¿La comunidad responde por él? "Se requiere además

Cualidades bíblicas de un anciano

que hablen bien de él los que no pertenecen a la iglesia, para que no caiga en descrédito y en la trampa del diablo." (1 Timoteo 3:7).

Las Escrituras describen a un individuo irreprochable ante los demás de varias maneras, las cuales explican cómo debe relacionarse un anciano con aquellos a los que dirige y sirve. Entre las personas, un anciano es:

- **Sincero**
- **No es violento**
- **Respetable**
- **Gentil**
- **Hospitalario**
- **Un ejemplo**
- **No pendenciero**
- **No es dominante**
- **Un hombre de buena reputación**
- **No es codicioso ni persigue ganancias deshonestas**

Esta es la imagen que surge de 1 Timoteo 3:2-8, Tito 1:7-8 y 1 Pedro 5:1-3. Un hombre así podría ser presentado a una congregación sin reservas, y también podría guiar a la congregación durante tiempos difíciles a través de la fuerza y la integridad del carácter. Dios espera que seamos irreprochables ante el pueblo de Dios, así como ante los que están fuera de la comunidad de fe.

Para reflexionar: Sin culpa ante los demás - Si tu ministro hablara con tus compañeros de trabajo, ¿cómo te describirían? ¿Qué preocupaciones podrías tener si tu ministro te viera en un contexto no eclesiástico?

La expectativa de ser intachable ante la familia: ¿Qué piensan de ti las personas que son más cercanas a ti? Tu contexto social inmediato es tu familia. Puedes ser intachable ante otros que sólo lo ven de vez en cuando, pero ¿qué pasa con aquellos que comparten un

Responder a su llamado

hogar contigo? ¿Cómo ven tu carácter y tu llamada a servir como líder aquellos con los que vives? ¿Qué tan consistente es tu compromiso con Cristo frente a tu esposa? ¿Y tu hijo o hija?

Pablo identifica tres cualidades de la vida familiar del anciano. **En primer lugar**, debe ser "hombre de una sola mujer" (1 Timoteo 3:2; Tito 1:6); en nuestro idioma esto quiere decir que debe ser "marido de una sola mujer". ¿Es usted irreprochable en su relación matrimonial? ¿Es usted irreprochable con respecto a las mujeres? La condición general descrita es que el anciano tiene la reputación de ser fiel a una sola mujer. ¿Qué tan fiel lo considera tu esposa.[20]

En segundo lugar, un anciano debe tener hijos creyentes y obedientes (1 Timoteo 3:4-5; Tito 1:6). De hecho, incluso sus hijos deben poseer un aspecto de la cualidad de irreprochabilidad; "libres de sospecha de libertinaje o de desobediencia" (Tito 1:6). Observa la preocupación de Pablo por la reputación del anciano, que incluso su familia esté "libre de sospecha"; ¡son irreprochables! ¿Cuán irreprochable eres ante tus hijos? Esto no significa lo perfecto que es usted como padre. Más bien, ¿qué tan bien das tú el ejemplo de una relación creciente con Jesús ante ellos? Además, Pablo nos dice que: "Y ustedes, padres, no hagan enojar a sus hijos, sino críenlos según la disciplina e instrucción del Señor" (Efesios 6:4). Se espera que seamos irreprochables, no perfectos, ante nuestros hijos. Esto no significa que nuestros hijos estén siempre de acuerdo con nosotros, o que nuestros hijos sean "angelitos perfectos", sino que nuestros hijos nos consideren cristianos maduros, no un perjuicio para su fe. Además, ¿están creciendo en su propia fe gracias al ambiente que se crea -que creamos- en nuestro hogar?

En tercer lugar, un anciano debe administrar bien su familia (1 Timoteo 3:4; Tito 1:6). Pablo agrega una pregunta retórica: "porque

---

[20] Personalmente, yo -Jim- entiendo que esta cualificación requiere que los que están en el liderazgo de la congregación exhiban una buena reputación en lo que respecta a las mujeres. Creo que habla de la calidad del carácter de un hombre, no de una cuestión de la composición de su familia o de su simple estado civil.

el que no sabe gobernar su propia familia, ¿cómo podrá cuidar de la iglesia de Dios?" (1 Timoteo 3:5). ¿Qué tan ordenada está la casa que diriges? Los comentaristas difieren sobre la intención específica de esta cualidad, pero el tema general es el orden del hogar, que podría incluir consideraciones financieras, pero probablemente es más que esta dimensión del hogar. El hecho es que un hogar caótico será una distracción para un líder. Un hogar "manejable" implica que el marido de la familia guíe, intervenga, aporte un sentido de regularidad, paz, calma, disciplina y orden a las actividades y sucesos diarios que son naturales para toda unidad familiar. Si no guiamos a la familia nuclear que está bajo nuestro cuidado de esa manera, ¿qué aportaremos a la familia de la iglesia?

Para reflexionar: Sin culpa ante la familia

- Identifica algo que puedas hacer para mejorar tu testimonio cristiano a tu esposa.
- Identifica algo que puedas hacer para mejorar tu testimonio cristiano ante tus hijos.
- Identifica algo que puedas hacer para mejorar el orden de tu hogar.

La expectativa de ser intachable ante uno mismo: ¿Alguna vez no has podido vivir contigo mismo? Los psicólogos hablan del impacto profundamente negativo de la culpa y la vergüenza en la autoestima de las personas. Ser intachable ante uno mismo no es narcisismo, es decir, un amor propio hasta el punto del orgullo pecaminoso y el egocentrismo. Más bien, al reflexionar sobre tu vida, ¿ves una vida que refleja valores positivos y una imagen saludable de ti mismo? ¿Hay secretos; cosas ocultas no resueltas o debilitantes que debes enfrentar? ¿Estás practicando responsablemente el autoliderazgo? ¿Te ves humildemente íntegro ante Dios, irreprochable?

Responder a su llamado

Pablo identifica varias cualidades internas de un anciano. Así como vimos una imagen de un anciano entre otros, un anciano, internamente, es:

- **Moderado**
- **Disciplinado**
- **Autocontrolado**

- **No es amante del dinero**
- **No tiene mal genio**
- **No es dado a la a bebida**

Esta es, asimismo, la imagen "interna" que se desprende de 1 Timoteo 3:2-8 y Tito 1:7-8. Pablo equilibra la imagen que nos da contrastando las ideas. Las cualidades internas positivas son precisamente eso: buenas cualidades dentro del líder. La lista de cosas negativas nombra cosas externas a las que la gente suele entregar su vida: dinero, alcohol (u otras sustancias adictivas) y respuestas reaccionarias a las amenazas. Los psicólogos a veces consideran que la ira latente o el mal genio son reacciones a una amenaza externa percibida.[21]

Si queremos vivir una vida sin culpa, debemos ser termostatos, no termómetros. Los termostatos tienen un control interno que vigila, activa y afecta al entorno. Los termómetros simplemente reaccionan al ambiente externo. Para ser irreprochable ante uno mismo, debemos ser templados, disciplinados y autocontrolados; no vivir simplemente en reacción a los estímulos externos. Un líder cristiano debe tener el control termostático de su vida centrado en Cristo, no en las distracciones mundanas. Estamos llamados a ser irreprochables para con nosotros mismos.

---

[21] Véase el libro de Andrew D. Lester *Coping with Your Anger: A Christian Guide* (Maneja tu enojo: Una guía cristiana) (Philadelphia: Westminster Press, 1983).

Cualidades bíblicas de un anciano

Para reflexionar: Libre de culpa ante uno mismo. Puede que no quieras escribir esto; piensa en una cosa que esperas que nadie descubra nunca sobre ti. ¿Qué *haces* actualmente con este aspecto de tu vida? ¿Cómo *podrías* lidiar con esto?

CUALIDADES Y EL LLAMADO A SER ANCIANO

Los ancianos no sirven solos. Servimos como parte de un cuerpo de líderes que han sentido el llamado de Dios y el deseo de servir a nuestras congregaciones en respuesta a él. La congregación no está dirigida por *un* anciano, ni siquiera por varios individuos que trabajan independientemente unos de otros. Más bien, la congregación es dirigida por el cuerpo colectivo de ancianos. Este es el diseño de Dios para el gobierno de la iglesia. Pablo (y Bernabé) no nombraron un anciano para cada iglesia, sino "en cada iglesia nombraron ancianos" (Hechos 14:23). Incluso Pablo le recordó a Tito ". . . y en cada pueblo nombraras ancianos de la iglesia, de acuerdo con las instrucciones que te di." (Tito 1:5). Pedro también escribió: "A los ancianos que están entre ustedes, yo, que soy anciano como ellos . . ." (1 Pedro 5:1). Los ancianos no dirigen solos.

Entonces, ¿qué tiene que ver esto con las cualidades que se esperan de un anciano? En primer lugar, es importante darse cuenta de que ninguna persona es la única calificada para servir como anciano en una congregación. Podemos tener opiniones diferentes a las de otros alrededor de la mesa, pero en última instancia nos damos cuenta de que Dios valora a todos los que cumplen con su expectativa de ser "irreprochables". En segundo lugar, ningún anciano posee la cualidad de la irreprochabilidad con todas sus dimensiones al máximo en todo momento. Pero como cuerpo, la llamada a la irreprochabilidad se realiza más plenamente. Todos aportamos nuestros puntos fuertes y débiles, y nos completamos mutuamente como liderazgo. En tercer lugar, debemos ejercer un liderazgo de servicio. Un anciano debe reconocer que no se ganó el cargo ni hizo propaganda para alcanzarlo;

más bien, fue llamado por Dios para servir como pastor entre su rebaño. No servimos simplemente por una elección o nombramiento personal de un pastor. Su calificación como anciano no debe promover la idea de superioridad o rango, ya que eso solo violaría la noción de "no enseñorearse" del pueblo de Dios (1 Pedro 5:3).

Para reflexionar: ¿Cómo pone en práctica tu grupo completo de ancianos las 4 dimensiones de la irreprochabilidad? ¿Qué aportas *tú, como individuo*, como líder?

Dimensión	Comentarios
ante Dios	
ante los demás	
antes de la familia	
ante mi persona	

Las cualidades de los ancianos

Leonard Sweet escribió *Summoned to Lead* (Llamado a liderar) (Zondervan, © 2004) para reintroducir la idea de un llamado en el liderazgo cristiano. Dado que el liderazgo se describe a menudo como la parte que aporta una visión para la organización — una metáfora del *ojo* —, Sweet nos recuerda que Dios utiliza una metáfora del *oído*: nos *llama* al servicio. Las cualidades mencionadas anteriormente permiten no sólo responder al llamado de Dios, sino también servir a su congregación como líder. Dios espera que los ancianos sean irreprochables ante él, en su testimonio ante los demás, en su familia e incluso ante sí mismos. Nos sentamos en la mesa del liderazgo no por el reconocimiento horizontal de la congregación, sino por el

Cualidades bíblicas de un anciano

reconocimiento vertical de Dios para ser un servidor de él, en medio de su pueblo.

Capítulo 4

Selección efectiva de ancianos

David Roadcup

Necesitamos que los ancianos y los equipos de ancianos estén capacitados para funcionar con la mayor eficacia posible en la dirección de nuestras congregaciones. Según va el liderazgo de la iglesia, así va la iglesia. Por lo tanto, desde el principio, el proceso de reclutamiento y selección debe hacerse con oración, planificación cuidadosa, previsión y ejecución formal. La decisión de quién debe ser invitado a servir como anciano debe ser colmada en oración con gran cuidado y diligencia. En este volumen, hemos enfatizado la importancia crítica del papel de los ancianos y su liderazgo. Es una responsabilidad maravillosa y de peso cumplir con el papel de anciano en la iglesia del Señor. Hebreos 13:17 dice:

> Obedezcan a sus dirigentes y sométanse a ellos, pues cuidan de ustedes como quienes tienen que rendir cuentas. Obedézcanlos a fin de que ellos cumplan su tarea con alegría y sin quejarse, pues el quejarse no les trae ningún provecho.

Los ancianos y otros líderes principales que sirven a la iglesia de manera efectiva serán bendecidos por Dios. Él llamará a cada uno de los que dirigimos para que demos cuenta de nuestro servicio y ministerio a la iglesia.

En este capítulo, nos centraremos en los aspectos funcionales de la selección de ancianos para ayudar a garantizar que se realice de forma eficaz y productiva. Hay numerosos enfoques y procedimientos utilizados en varias iglesias para seleccionar a los ancianos. Examinaremos los fundamentos bíblicos de varios métodos e incluiremos algunas observaciones prácticas. Ya sea que usted sirva a una congregación nueva o a una ya establecida, esperamos que las siguientes ideas bendigan sus esfuerzos para crear, o mejorar y fortalecer, su proceso de selección de ancianos.

Para reflexionar: ¿Cómo describirías tu camino hacia el equipo de ancianos? ¿Qué desearías que hubiera sucedido de manera diferente? ¿Cuál fue la parte buena?

Direcciones bíblicas

En el Nuevo Testamento, hay una cantidad limitada de información sobre cómo debe hacerse la selección de ancianos. Dado que todas las iglesias del Nuevo Testamento eran nuevas, tiene sentido que el apóstol Pablo o uno de sus colaboradores nombrara a los ancianos, especialmente en las iglesias del sur de Galacia, donde no había muchos líderes espiritualmente maduros.

Hay dos referencias en el Nuevo Testamento, una de Lucas y otra de Pablo, que nos indican esta conclusión.

Lucas da este informe en Hechos 14:23: "En cada iglesia nombraron ancianos y, con oración y ayuno, los encomendaron al Señor, en quien habían creído." El texto es claro. Los fundadores de las iglesias habían nombrado a los primeros ancianos de cada congregación.

Pablo, entonces, dio esa misma instrucción a Tito, pidiéndole que nombrara ancianos en las iglesias que se habían establecido en la isla de Creta. **En Tito 1:5, Pablo escribe:** "Te dejé en Creta para que pusieras en orden lo que quedaba por hacer y en cada pueblo nombraras ancianos de la iglesia, de acuerdo con las instrucciones que te di". (Para más información sobre estos pasajes, véase *Elders and Leaders* (Ancianos y líderes) de Gene Getz y *Liderazgo bíblico de ancianos* de Alexander Strauch.

Por lo tanto, el patrón bíblico simplemente nos dice que Pablo y sus colaboradores, después de establecer las iglesias y trabajar para ayudar a los nuevos creyentes a desarrollarse y crecer, procedían a nombrar a aquellos que estaban preparados para ser ancianos. El comentarista William Ramsey observó:

> Está claro, por lo tanto, que Pablo instituyó ancianos en todas partes en sus nuevas iglesias; y según nuestra hipótesis en cuanto a la expresión precisa y metódica del historiador, estamos obligados a concluir que este primer caso pretende ser típico de la forma de nombramiento que se siguió en todos los casos posteriores.[22]

Las cualidades que Pablo identifica (1 Timoteo 3:1-7; Tito 1:5-9) tipifican al hombre que sería puesto para ser un ejemplo para el rebaño al dirigirlo. Pedro, igualmente, describe a un pastor piadoso del pueblo (1 Pedro 5:1-5). Estos hombres serán sabios, experimentados, sensatos, confiables, hombres maduros con la mente de Cristo. Muchos de ellos tendrán el don de liderazgo. Ellos toman juntos el yugo para proteger y dirigir la iglesia. Hoy en día, se utilizan muchos enfoques en la búsqueda y selección de ancianos para servir a sus hermanos cristianos con ese mismo espíritu. Mientras un enfoque refleje el precedente bíblico y produzca como resultado final un cuerpo de hombres piadosos, espirituales y maduros que pastoreen la iglesia, puede considerarse aceptable.

Dinámica individual de la Iglesia en el proceso de selección

Muchas iglesias tienen una declaración direccional en sus estatutos que determina las directrices para la selección de ancianos. Algunas iglesias trabajan principalmente a través de un equipo (o comité) de selección formado por varios segmentos de la congregación.

---

[22] William Ramsey, St. *Paul the Traveler and the Roman Citizen*, 3ª edición (San Pablo el viajero y ciudadano romano) (Grand Rapids, Michigan: Baker Book House) 1951, p. 121.

Responder a su llamado

Otras han optado por que los actuales ancianos de la iglesia dirijan el proceso de selección en mayor o menor medida. Algunas iglesias utilizan una combinación de ancianos, personal y miembros de la iglesia para formar el equipo de selección. Algunas iglesias hacen que la congregación presente los nombres de candidatos a ancianos. Otras iglesias no piden a los miembros de la congregación que presenten nombres, sino que solicitan que el equipo de selección identifique a hombres calificados que deseen servir. En algunos casos, el equipo de ancianos actual simplemente decide sobre hombres específicos que conocen y han investigado para acercarse a ellos.

El tamaño de la iglesia, en un grado significativo, determinará cómo la iglesia va a seleccionar a los miembros de su equipo de ancianos. Un método que funciona bien en una iglesia de 120 personas puede ser imposible para una congregación de 2.500, ya que la diferencia de tamaño crea una dinámica relacional muy diferente. No hay nada en las Escrituras que explique con detalle cómo debe hacerse la selección de ancianos de principio a fin. Las iglesias pueden usar varios enfoques para asegurar los mejores hombres posibles para servir y liderar.

Para reflexionar: ¿Cómo ha cambiado tu percepción del equipo de ancianos desde que te incorporaste a él? Si todavía estás en el proceso de selección, ¿cómo ha cambiado tu impresión de los ancianos al "mirar detrás de la cortina"?

Diferentes enfoques para la selección de ancianos

Ahora veremos dos ejemplos generales de cómo funcionan las iglesias al seleccionar a sus ancianos. Varios aspectos de estos enfoques pueden diferir de la forma en que su iglesia particular hace actualmente la selección de ancianos. Algunos elementos pueden ser muy similares a los suyos.

"Primera Iglesia Cristiana"

1. Los ancianos actuales deciden buscar más ancianos.
2. Los ancianos elaboran una lista de posibles candidatos a partir de la lista de miembros activos de la iglesia.
3. Los ancianos revisan en oración la lista de posibles candidatos, seleccionan a aquellos hombres a los que se invitará a considerar la posibilidad de servir como ancianos y se ponen en contacto con ellos.
4. En caso de que un candidato desee participar en el proceso, se le pide que complete un cuestionario escrito exhaustivo que proporcione una profunda información sobre sus antecedentes personales.
5. Los ancianos revisan cada cuestionario completado y reducen su lista. Los candidatos que no "progresan" son informados del motivo.
6. A la luz de la información recogida en los cuestionarios, etc., se realizan una o varias entrevistas a profundidad con cada candidato.
7. Los candidatos asisten a una orientación para aprender todo lo que implica servir como anciano en la congregación.
8. Se mantienen conversaciones de seguimiento con los candidatos que asistieron a la orientación.
9. Con toda esta información, los ancianos seleccionan en oración una lista final de hombres que serán recomendados a los miembros de la iglesia para su afirmación.

10. Se realiza un seminario de formación adicional de un día de duración para los hombres que deseen aceptar esta misión.

11. Los ancianos comparten los nombres de los candidatos con los miembros de la iglesia y dan un plazo de dos semanas para que expresen en privado a un anciano activo cualquier inquietud respecto a un candidato.

12. La afirmación se solicita por escrito mediante "votación privada" de la congregación durante la reunión anual.

13. El domingo siguiente, los nuevos ancianos son reconocidos, se ora por ellos y son "apartados" mediante la imposición de manos por los ancianos actuales durante el culto.

"Iglesia de Cristo de Northside"

1. Los ancianos forman un equipo de selección que comienza a reunirse regularmente. Este equipo está formado por dos ancianos, uno o dos miembros del personal y siete miembros de la congregación en general.

2. Se informa a la congregación de que se están recibiendo candidatos de ancianos para su consideración. Los miembros de la congregación tienen 30 días para presentar un formulario de nominación proporcionado por los ancianos y el equipo de selección. Los miembros del equipo de selección también pueden nominar candidatos en este momento.

3. El equipo de selección examina en oración a las personas nominadas durante los próximos uno o dos meses.

4. De la lista de candidatos, se aborda a las personas que cumplen con los requisitos de las Escrituras y se les invita a ser considerados como candidatos a ancianos.

Aquellos que no desean servir de forma proactiva son libres de declinar la oferta.

5. La lista de nombres cualificados que sí desean servir se presenta entonces a los ancianos actuales para su aprobación final.

6. Los ancianos se ponen en contacto con los candidatos aceptados, invitándoles a asistir a sesiones de formación e información para conocer el ministerio, el rol y las expectativas de alguien que sirve como anciano.

7. En oración y ayuno, los nuevos ancianos son presentados formalmente e introducidos a la congregación en el servicio(s) de adoración de la iglesia, comenzando su mandato.

Los dos modelos anteriores reflejan elementos generales que nuestro equipo en e2 encontramos a menudo en las iglesias. A continuación, hemos formulado un posible plan, desarrollado a partir de las Escrituras y la experiencia, que puede ayudar a su iglesia a lograr resultados sólidos en su proceso de selección de ancianos. Si su iglesia es nueva, puede adoptar este enfoque en su totalidad. Si su iglesia tiene un plan que ha sido utilizado durante años, ¿por qué no considerar la incorporación de algunas partes de este plan en su enfoque actual para mejorar y fortalecer el proceso?

POSIBLE ENFOQUE PARA LA SELECCIÓN EFICAZ DE ANCIANOS

1. Anunciar a la iglesia que el proceso de selección de ancianos está comenzando y hagan un llamado a la iglesia a ayunar y orar.

Dado que gran parte de la vida de una iglesia fructífera depende de sus líderes, la iglesia debe ser consciente de la seriedad del proceso de selección de ancianos que está a punto de comenzar (o, si es un proceso regular, digamos anual, que se reanuda). Involucren a toda la iglesia en el proceso, especialmente a través de la oración y el ayuno, incluso si no se solicitan activamente candidatos. Pidan a la gente que ore diariamente para que Dios guíe a los hombres adecuados al equipo de ancianos. ¿Por qué no pedir a los creyentes que ayunen durante una comida a la semana durante el mes anterior al inicio del proceso de selección, elevando este proceso y su resultado al Señor? Si su iglesia no ha ayunado todos juntos, esta puede ser una excelente oportunidad para enseñar a la gente sobre su importancia y demostrar su impacto.

2. Decidir quiénes formarán el equipo de selección de ancianos.

Las iglesias tienen diferentes enfoques para formar el equipo de selección. Hay que consultar los estatutos de la iglesia para mayor claridad, ya que algunos estatutos estipulan un proceso de selección y otros no. (Los estatutos pueden ser modificados, y deberían serlo, si el proceso descrito no es bíblico). Si no hay nada en los estatutos, los ancianos actuales deben establecer una política escrita sobre este punto administrativo. Algunas iglesias hacen que sus ancianos nombren un equipo de selección de varios segmentos de la iglesia. Un equipo puede incluir dos ancianos, tres diáconos o líderes de equipos ministeriales y cinco o seis laicos. En otras iglesias, en particular las que tienen congregaciones muy grandes, el equipo de selección puede estar formado en su totalidad por los ancianos actuales en servicio. Cualquiera de estos enfoques puede funcionar, dependiendo de las circunstancias de la iglesia y de la madurez espiritual de los integrantes del equipo. Una vez establecido el equipo, se debe nombrar un líder y el equipo debe continuar trabajando junto hasta que se complete todo el proceso.

3. Elaborar una lista inicial de candidatos.

Se debe elaborar una lista de personas que puedan servir como ancianos. Se recomienda que la congregación, el personal remunerado, los ancianos actuales y los miembros del equipo de selección tengan la oportunidad de sugerir nombres a considerar. Esto puede hacerse de manera informal o proporcionando formularios escritos de alguna manera, o a través de la página web de la iglesia para ser presentados electrónicamente. Y por último debe fijarse una fecha de finalización firme para la presentación y comunicarse a la iglesia.

4. Editar la lista de nombres para identificar a los que cumplen con las normas bíblicas y desean servir.

Quienes ejecutan el proceso deben recopilar la lista de candidatos cualificados a partir de los nombres sugeridos. El equipo en su conjunto debe comenzar el proceso de decidir quiénes son los candidatos viables. Los candidatos confirmados deben ser contactados formalmente e interrogados sobre su interés en servir como ancianos. Sólo los candidatos que estén positivamente interesados deben continuar el proceso; aquellos que no deseen servir a su congregación de esta manera deben ser libres de excusarse. Otros hombres, aunque sean nominados, pueden no estar listos para servir como ancianos por una variedad de razones. Aquellos que no estén listos para servir deben ser contactados personalmente e informados de que no serán considerados. Esta parte del proceso puede llegar a ser sensible desde el punto de vista relacional; debe manejarse con cuidado y con un corazón de pastor.

5. Recoger y analizar la información de los candidatos y las opiniones de la congregación.

A continuación, el equipo de selección pide a cada candidato que rellene un cuestionario sobre sus antecedentes personales y familiares, su conversión espiritual, la calidad de su relación con Jesús y sus principales creencias teológicas. En las iglesias más pequeñas, esta información puede ser conocida en su totalidad o en parte a través de las relaciones de larga data entre los candidatos y el equipo de selección; en las iglesias más grandes los candidatos pueden no ser conocidos en absoluto por muchos de los que hacen la evaluación.

Responder a su llamado

En cualquiera de los casos, este paso no debe pasarse por alto, ya que una conversación deliberada puede revelar ideas que, de otro modo, permanecerían desconocidas si los pensamientos de un candidato se dieran por supuestos o se dieran por sentados. No queremos servir durante años junto a un hermano sólo para descubrir durante una crisis que no coincidimos en un tema crítico, como la naturaleza de la salvación o el pecado, la capacidad del Espíritu para obrar la santificación o traer la redención a la vida de un hermano caído, etc.

Además del cuestionario personal, los encargados de la evaluación pueden considerar el uso de una evaluación psicológica o un test de personalidad como parte del proceso. La información de un instrumento de evaluación estándar como los anteriormente mencionados puede ser de gran ayuda para conocer al candidato y comprender cómo encajará en el equipo de ancianos existente. (Hay varios tests de personalidad disponibles, algunos gratis en la internet.)

También deben tenerse en cuenta los comentarios u observaciones de los miembros de la congregación, y el equipo de selección debe indagar sobre cualquier inquietud que surja.

Es muy posible que los evaluadores tengan conocimiento de alguna información que elimine a alguien que se había estado considerando durante esta fase. Si esto ocurre, se debe hacer una cita con el candidato para discutir la situación. Esto no debe considerarse necesariamente negativo. Más bien, puede ser una oportunidad para aclarar algo en la historia de la vida de este hermano, o incluso para compartir con el candidato el tipo de crecimiento que es necesario en su caminar con Cristo antes de que sirva como anciano. Una discusión sincera puede ayudarlo a crecer y, en última instancia, fortalecerlo en su camino espiritual. Estas reuniones deben estar siempre cubiertas por la oración y deben hacerse con amor, preocupación genuina y humildad por parte de los entrevistadores.

6. Realizar entrevistas personales con los candidatos y evaluar toda la información.

Una vez completado el cuestionario, obtenidos los resultados de las pruebas de personalidad y evaluada toda la información, el equipo de selección realiza una entrevista personal con cada uno de los candidatos restantes. La entrevista debe ser positiva y de apoyo al candidato, a la vez que se obtiene información y conocimientos para responder a cualquier pregunta y llegar a conocer al candidato, su reputación y sus antecedentes con la mayor profundidad posible.

7. Realizar sesiones de orientación y formación.

Las personas que van a ser ancianos necesitan ser alentadas, apoyadas y formadas para llegar a ser miembros plenamente funcionales, eficaces y productivos del equipo.

En muchas iglesias, a los candidatos a ancianos no se les exige ningún tipo de formación formal o significativa. La única formación que reciben algunos candidatos es simplemente observar e imitar a los que han sido ancianos antes que ellos. Si bien es cierto que absorber el poder del ejemplo es beneficioso, este enfoque, por sí mismo, es muy limitado e inadecuado para preparar a los hombres para realizar uno de los ministerios más significativos de la iglesia. Los principios bíblicos claros, las expectativas de la función, la descripción del trabajo y otros temas deben ser discutidos y comunicados a los candidatos a ancianos antes de que comiencen su servicio.

En su libro titulado *Liderazgo bíblico de ancianos*, Alexander Strauch hace hincapié en este punto:

> Si usted es pastor o misionero-fundador de una iglesia, es absolutamente esencial darse cuenta de que los ancianos y los posibles ancianos necesitan formación. La mayoría de los equipos de ancianos recién fundados fracasan porque los involucrados simplemente no saben lo suficiente, o no son lo suficientemente hábiles, para hacer el trabajo. Sin un esfuerzo consciente para formar a los ancianos y compartir con ellos la supervisión pastoral,

Responder a su llamado

el equipo bíblico de ancianos se convertirá en otra teoría vacía de la iglesia. La capacitación de los ancianos es una parte clave de la transición y la implementación de su ministerio.[23]

Se debe pedir a cada candidato que desee servir que asista a las sesiones de orientación y formación. Aunque la duración y el contenido de estas sesiones varía mucho dependiendo de la iglesia, las sesiones deben ser exhaustivas y cubrir los temas clave que un anciano debe entender. Puede requerir un tiempo total de muchas horas para cubrir todo. Un seminario de capacitación de todo el día, los miércoles por la noche durante varias semanas o meses, o un retiro de fin de semana podrían funcionar en su contexto. Por ejemplo, una iglesia en el área de Atlanta, Georgia, pide a los hombres que quieren ser ancianos que participen con éxito en un ministerio que se reúne mensualmente durante un año. Los hombres asisten a las reuniones requeridas, leen materiales clave y participan en dos retiros de formación durante el año. Al final de esta experiencia, la iglesia conoce bien a los candidatos y éstos están bien preparados para participar en el equipo.

Otras iglesias piden a los candidatos a ancianos que dirijan grupos pequeños en su ministerio como parte de su preparación para el trabajo de anciano. Esto da a los candidatos la oportunidad de liderar en un entorno más pequeño antes de entrar en el rol de anciano. El enfoque de la formación de ancianos en cualquier iglesia debe ser determinado por los ancianos y los miembros del personal directivo. Sea como sea, lo importante es proporcionar un ministerio eficaz de formación de ancianos en la iglesia que equipe cuidadosamente a los hombres para el rol de siervos y líderes. Debe haber un plan deliberado y concreto para asegurar la formación y preparación adecuadas de los hombres que asumirán el papel de ancianos.

La formación debe abarcar temas como:

- El llamado de Dios a ser anciano

---

[23] Alexander Strauch, *Biblical Eldership* (Liderazgo bíblico de ancianos) (Lewis and Roth Publishers: Littleton, Colorado) 1988, p. 284.

- La vida espiritual del anciano
- Cualificaciones bíblicas y prácticas para los ancianos
- La descripción bíblica del trabajo del anciano
- Iglesia como organismo vs. iglesia como organización
- Cómo lideran los ancianos eficaces
- Expectativas y función de un anciano en nuestra congregación
- Descubrir y utilizar sus dones espirituales como anciano
- Construir y mantener buenas relaciones
- La importancia de la hospitalidad en la vida de un anciano

La formación debe preparar al candidato a anciano para que comprenda no sólo las pautas y directrices bíblicas, sino también las expectativas y necesidades de la congregación en la que servirá. Cada congregación es diferente, habiendo desarrollado su propia cultura a lo largo de los años. La formación debe proporcionar la información específica que necesita cada candidato para hacer el mejor trabajo posible en ese entorno particular.

Es una buena idea poner por escrito los puntos clave de acuerdo y los requisitos para que el candidato a anciano y los miembros de la iglesia los tengan en cuenta. Un ejemplo de esta documentación se encuentra en forma de apéndice al final de este libro.

***

Para reflexionar: En una escala del 1 (bajo) al 5 (alto), ¿en qué medida estás o estuviste bien preparado para acceder al equipo de ancianos? ¿Dónde se puede mejorar la preparación de los candidatos a ancianos?

***

8. Buscar la confirmación de la congregación.

Si su proceso de selección requiere que la congregación confirme o afirme por escrito a los nuevos candidatos a ancianos, anuncie una fecha y realice la votación lo más cerca posible del servicio del domingo. En las congregaciones más pequeñas, esto puede ocurrir durante los anuncios; en las congregaciones más grandes, una reunión inmediatamente después del último momento del servicio podría fomentar una mayor participación. (Si la afirmación de la congregación es innecesaria según sus estatutos, sus leyes estatales, etc., este paso puede eliminarse).

9. Confirmar y presentar los nuevos ancianos a la congregación para marcar el inicio de su mandato.

Cada candidato a anciano que ha terminado el proceso completo es reconocido con su nuevo papel. Esto debe hacerse de una manera muy visible y celebratoria con la congregación. En los cultos de fin de semana, el anciano presenta a todos los candidatos confirmados a la congregación. Muchas congregaciones tienen un breve servicio de ordenación de ancianos en el que los nuevos ancianos se arrodillan y reciben la imposición de manos de los ancianos actuales como símbolo de que han sido apartados para su nuevo ministerio.

Para reflexionar: Si pudieras hacer un cambio en la forma de seleccionar y reclutar a los ancianos, ¿cuál sería ese cambio?

Preguntas que recibe e2 sobre la selección de ancianos

Pregunta: ¿Qué hay del factor edad en la selección de ancianos? ¿Cuán joven puede ser un hombre y aún así ser ordenado como anciano? ¿Puede un hombre ser demasiado viejo para servir como anciano?

Respuesta: La consideración de la edad es un tema muy particular. Es muy difícil establecer una edad específica en la que un hombre siendo joven puede convertirse en anciano. Algunos hombres pueden estar preparados y ser muy maduros en muchos aspectos a finales de los 20 o principios de los 30 años. Un hombre a esa edad puede haber completado su educación, haberse casado, haber tenido hijos, ser gerente en el trabajo o tener su propio negocio. Puede estar preparado para asumir el rol de anciano. Otros en este rango de edad o incluso mayores pueden necesitar más tiempo para madurar y crecer espiritualmente y en experiencia de vida. Algunos reglamentos de la iglesia pueden tener una declaración que indique cuán joven o viejo debe ser un hombre para convertirse en anciano, lo cual debe ser una consideración. En lo que respecta a la edad avanzada, un hombre mayor puede funcionar con éxito como anciano siempre que tenga el deseo y sea mental, emocional, física y espiritualmente capaz. En algunas iglesias, los hombres mayores pueden ser reconocidos como ancianos eméritos después de un largo período de servicio fructífero.

Pregunta: ¿Puede una persona haberse divorciado en su pasado y aún así ser ordenada como anciano?

Respuesta: En la lista de calificaciones bíblicas de Pablo en 1 Timoteo, él declara que un hombre debe ser un "hombre de una sola mujer" (traducción literal). Pablo está dando instrucciones aquí de que un anciano debe ser el esposo de una sola mujer. ¿Quiere decir Pablo con esta declaración que un hombre que tiene un divorcio en su pasado, no importa cuánto tiempo hace o por cualquier razón, debe ser eliminado de servir como un anciano para el resto de su vida? Un hombre sí necesita demostrar su capacidad para entrar y cultivar fielmente su matrimonio con la intención de cultivar una relación de por vida con su esposa. Esta es la norma bíblica obvia y la aplicación deseada de la exhortación de Pablo.

Sin embargo, hay circunstancias atenuantes que deben ser consideradas. Si la esposa de un anciano comete adulterio, Jesús nos dijo que a un hombre se le permite divorciarse de su esposa en tales circunstancias. Si un anciano experimenta esta situación, debe ser apoyado por la iglesia y sus hermanos ancianos. Puede ser ventajoso para el propio anciano y para la iglesia si se aparta de las responsabilidades de anciano por un tiempo. Si su congregación utiliza términos, sólo hablando pragmáticamente, él puede renunciar al resto de su mandato actual o tomar una licencia debido al estrés personal y la devastación experimentada en la ruptura de un matrimonio. La sabiduría nos diría que una pausa en el liderazgo de este hombre de alguna manera sería beneficiosa.

Si un hombre se acaba de divorciar y el adulterio no es parte de la ruptura, definitivamente es mejor que el hermano se retire del equipo de ancianos y deje que pase el tiempo y se produzca la sanación.

Si el hombre divorciado desea reanudar su posición, debe pasar un largo período para permitir la curación y la restauración. Esto no significa que el hombre nunca pueda volver a servir como anciano, pero debe haber una reconstrucción de la credibilidad durante un período de años para permitirle ser parte del liderazgo de la iglesia.

Tom, que vivía en el Medio Oeste, se casó inmediatamente al terminar la secundaria y se divorció a los 6 meses. Luego se graduó de la universidad, tomó un puesto de responsabilidad en la industria bancaria, se volvió a casar y tuvo dos hijos. A mediados de sus 30 años, encontró a Jesús como Señor y Salvador. Siguió creciendo en su nueva fe y se convirtió en una influencia muy positiva en su congregación. Llegó a un punto de madurez en el que sintió que podía hacer una gran contribución a la iglesia sirviendo como anciano. Pero se le negó la oportunidad de servir ejerciendo este rol porque tenía un divorcio en su pasado. No se tuvo en cuenta el hecho de que había encontrado a Cristo y se había convertido en una "nueva creación".

Hay opiniones fuertes y diferentes sobre este tema en varias iglesias. No parece que Pablo prohibiera a este hombre ejercer su don de liderazgo porque, años antes de convertirse en creyente, había luchado contra el divorcio. ¿Cómo ha manejado un hombre divorciado su vida, trabajo, reputación, relaciones, etc. desde su divorcio hace 5, 8, 10 o 20 años? Obviamente, cometió un error, pero la gente aprende, crece y cambia. Si un hermano ha demostrado a lo largo de los años que ha aprendido, crecido y puesto en práctica las enseñanzas de Cristo en su vida a un nivel mayor, no se le debe negar la oportunidad de servir con el equipo de ancianos de la congregación.

Pregunta: ¿Debe un hombre estar casado para ser anciano?

Respuesta: Un hombre no tiene que estar casado para ser anciano. Los hombres solteros pueden servir en el equipo con eficacia. Pablo está indicando que, si un hombre está casado, su matrimonio debe reflejar dignidad y compromiso. En su despedida de los ancianos de Éfeso en Hechos 20, Pablo hace referencia al hecho de que había servido junto a esos hombres y con ellos. Pablo nunca se casó (1 Corintios 7:7-8), por lo que no debemos añadir una condición o barrera para servir que el propio Pablo no describió, ni siquiera conoció.

Pregunta: ¿Necesita un hombre tener hijos para ser anciano?

Respuesta: Un hombre no tiene que tener hijos para ser anciano. Los hombres solteros o casados sin hijos pueden ser ancianos muy eficientes. Pablo da directrices específicas a los hombres casados que sí tienen hijos y que están siendo considerados para la posición de anciano.

Pregunta: ¿Pueden las mujeres ser ordenadas como ancianas?

Respuesta: Con libros enteros escritos sobre este tema, es imposible agotar este asunto en un formato tan breve. Para ir específicamente al punto principal, hay una limitación que Pablo hace en 1 Timoteo 2. Él discute el tema de que una mujer ejerza autoridad sobre un hombre. Cita los puntos teológicos del orden de la creación y del pecado de Eva como precedente. Esta orientación no se deriva de la cultura, sino de la creación. Así que, con gran respeto y admiración por las mujeres en la iglesia y su inmensa contribución a la vida de la iglesia y a la construcción del reino, debemos deducir de las Escrituras que las mujeres pueden hacer todo lo que los hombres pueden hacer en la iglesia, excepto el ministerio de la predicación/el liderazgo.

Responder a su llamado

No hay duda de que las mujeres proporcionan una gran influencia y liderazgo en la vida de la iglesia hoy en día. Si se quita la influencia, el trabajo y el liderazgo de las mujeres de la iglesia promedio de hoy, la mayoría se derrumbaría. El punto es muy claro en las Escrituras. En la iglesia primitiva, las mujeres enseñaban, dirigían y ejercían una gran influencia de innumerables maneras a medida que la iglesia crecía. Las Escrituras que hay que examinar incluyen Hechos 2:17, donde Pedro cita al profeta Joel que escribió sobre el día de Pentecostés: "Los hijos y las hijas de ustedes profetizarán . . ." Pablo escribe sobre las mujeres que profetizan en la iglesia de Corinto en 1 Corintios 11:5: "En cambio, toda mujer que ora o profetiza con la cabeza descubierta deshonra al que es su cabeza . . ." Lucas nos dice que Felipe tenía cuatro hijas que profetizaban (Hechos 21:9). El hecho de que las mujeres enseñaran, organizaran y administraran ministerios en la iglesia primitiva no se cuestiona, es un hecho. Es y debería ser lo mismo hoy en día. Las mujeres deben ser capaces de hacer todas estas cosas en el cuerpo (dirigir un equipo ministerial, dirigir un coro, dirigir la adoración, enseñar, organizar, administrar y evangelizar). Las mujeres son muy valoradas y apreciadas a los ojos del Señor.

Pregunta: Cuando los ancianos son ordenados, ¿significa eso que son ancianos por el resto de sus vidas?

Respuesta: La Escritura no dice nada al respecto. No hay directivas específicas de Pablo ni de ningún otro autor bíblico, ni tenemos ejemplos discretos para considerar. Parece que el ministerio de ser un anciano tiene un propósito específico; entre otras asignaciones, es pastorear el rebaño. Mientras un hombre esté cumpliendo esa función, podría ser considerado un anciano (formal o informalmente). Cuando deja de liderar en esa función específica o no puede liderar debido a circunstancias que han cambiado, puede ser que ya no esté cumpliendo el rol de anciano y no debería ser considerado anciano, formalmente.

Selección efectiva de ancianos

Para el debate y reflexión en grupo:
- ¿Qué tan involucrada está su congregación en el proceso de selección de ancianos?
- ¿Se les ocurre alguna forma en la que podrían participar a mayor medida?
- ¿Qué tan bien está explicado el proceso de selección de ancianos en su congregación?
- ¿Puede identificar específicamente un proceso deliberado de formación de ancianos en su congregación? En caso afirmativo, ¿cuál es? Si no, ¿por qué no?

Capítulo 5
Gobernanza del anciano

Gary Johnson

> La mayoría de la gente pierde oportunidades
> porque se presentan con ropa ordinaria
> y requieren trabajo.
> --Thomas Edison

Mientras se conduce hacia y desde el trabajo o se atraviesa el país en vacaciones, uno se da cuenta de una triste realidad que marca el paisaje estadounidense: las iglesias cerradas. Lamentablemente, se estima que miles de iglesias cerrarán este año y todos los años. Si no es adquirida o cedida a otro grupo religioso, una iglesia cerrada puede ser reutilizada de diversas maneras. Algunos edificios de iglesias han sido remodelados para convertirlos en viviendas, e incluso en condominios. Algunos edificios de iglesias se han transformado en negocios, como tiendas de antigüedades. Las iglesias cerradas son un triste comentario en la vida de la cultura estadounidense. Al aferrarse a las tradiciones y métodos del pasado, la iglesia local no se centra en el presente y el futuro. El liderazgo no logra desarrollar nuevos métodos y paradigmas para practicar la fe. Como resultado, la iglesia local sigue decayendo tanto espiritual como numéricamente, y en poco tiempo, la iglesia se cierra, simplemente para convertirse en una tienda de antigüedades, donde se buscan y compran reliquias oxidadas del pasado.

Responder a su llamado

Sin embargo, tenemos ante nosotros una oportunidad apasionante, pero "se presenta con ropa ordinaria y requiere trabajo". Esa oportunidad es dejar de lado las tradiciones pasadas utilizadas en la estructuración de la iglesia local, y trabajar para desarrollar nuevas estructuras internas que realmente promuevan el crecimiento numérico potencial dentro de la iglesia. Hacer tales cambios es un trabajo duro.

Dios diseñó el cuerpo humano para que creciera. Sin nuestros esqueletos, no podríamos crecer ni funcionar físicamente. Dios diseñó nuestros huesos para que crecieran en longitud, anchura y densidad para que el cuerpo humano pudiera aumentar de tamaño. El esqueleto proporciona al cuerpo humano forma y soporte, mientras que las articulaciones del esqueleto permiten que el cuerpo se mueva. También produce los componentes de la sangre que dan vida, al mismo tiempo que almacena los nutrientes necesarios, como el calcio. Sin el esqueleto humano (nuestra estructura interna) sería imposible que nuestro cuerpo creciera y funcionara eficazmente.

Dios diseñó la iglesia para que creciera numéricamente a medida que más personas se convirtieran en seguidores de Jesús. Después de todo, Dios no quiere que nadie experimente el infierno (2 Pedro 3:9). Para que una iglesia local crezca, debe tener una estructura interna que pueda adaptarse al crecimiento. Christian Schwarz, en Natural Church Development (Desarrollo natural de la iglesia), cita el tener estructuras funcionales como un componente necesario para el crecimiento de la iglesia. Habiendo completado una extensa investigación de más de mil iglesias en treinta y dos países en seis continentes, Schwarz ha observado, "Donde quiera que Dios sople su Espíritu en la arcilla sin forma, brotan tanto la vida como la forma."[24]

---

[24]Christian A. Schwarz, *Natural Church Development* (Desarrollo natural de la iglesia) (St. Charles, Illinois: ChurchSmart Resources) 2003, p. 28.

Gobernanza del anciano

Existe una necesidad urgente de que la iglesia examine de forma analítica y crítica la estructura interna de la organización. Esta estructura se llama política, una forma o sistema particular de gobernar la iglesia. La forma en que una iglesia local está estructurada internamente tiene mucho que ver con la eficacia del ministerio, en particular para alcanzar a las personas que aún no son creyentes, y transformarlas en seguidores totalmente devotos de Jesucristo. La iglesia es una entidad viva y espiritual, descrita por Pablo como un cuerpo humano con muchas partes (1 Corintios 12:12-27), y un elemento esencial del cuerpo de Cristo es la estructura interna, o política.

Para reflexionar: ¿Qué palabras utilizarías para describir la estructura interna de tu congregación?

La Iglesia del primer siglo

En Hechos 6:1-7, la iglesia del primer siglo nos muestra la importancia de las estructuras internas. Ante una crisis, la iglesia primitiva no ignoró una cuestión interna que podría haber causado división en las filas. Por el contrario, los líderes abordaron la situación de manera eficaz.

Verso 1

> En aquellos días, al aumentar el número de discípulos, se quejaron los judíos de habla griega contra los de habla aramea de que sus viudas eran desatendidas en la distribución diaria de los alimentos.

"En aquellos días" se refiere a la iglesia primitiva en su comienzo. Esto podría haber sido en los primeros meses, o incluso en los primeros años, cuando el número de discípulos (es decir, los

Responder a su llamado

seguidores de Dios) seguía creciendo numéricamente. El término "al aumentar" en el griego está en tiempo presente, lo que significa que el crecimiento numérico continuaba y no cesaba.

El creciente número de creyentes dio lugar a algunos problemas de crecimiento: Las viudas de habla griega estaban siendo desatendidas cuando se distribuía comida a los necesitados. Las viudas de habla hebrea recibían alimentos, pero no las de habla griega, y esto no ocurrió solo una o dos veces, sino repetidamente, ya que en griego se utiliza el pretérito imperfecto para la palabra "desatendidas".

¿Por qué había tantas viudas de habla griega en Jerusalén? Sencillamente, querían estar allí. El día de Pentecostés, decenas de miles de judíos estaban en Jerusalén para la fiesta de Pentecostés. Hechos 2 indica que cuando vino el Espíritu Santo y se creó la iglesia, tres mil personas judías llegaron a creer en Jesús como Mesías. Muchos de ellos venían de países en los que el griego era la lengua principal. Algunas de esas personas se quedaron en Jerusalén después del día de Pentecostés, disfrutando de la profunda comunidad de Hechos 2:42-47. La vida era emocionante, y la iglesia era un grupo dinámico de personas que vivían la vida en niveles profundos de satisfacción, y las viudas de habla griega estaban dentro de ese grupo. Además, los judíos helenistas solían trasladarse a Jerusalén en su vejez, queriendo vivir sus últimos días en la Ciudad Santa. Cuando las mujeres sobrevivían a sus maridos, no había hijos adultos que las cuidaran en el área.

Versículos 2-4

> Así que los doce reunieron a toda la comunidad de discípulos y les dijeron: "No está bien que nosotros los apóstoles descuidemos el ministerio de la palabra de Dios para servir las mesas. Hermanos, escojan de entre ustedes a siete hombres de buena reputación, llenos del Espíritu y de sabiduría, para encargarles esta responsabilidad. Así nosotros nos dedicaremos de lleno a la oración y al ministerio de la palabra.

Gobernanza del anciano

Los apóstoles propusieron un cambio significativo en su estructura interna. Sabían que tenían que hacer algo porque las quejas no eran más que un síntoma de un problema mayor, el de los prejuicios. Dos grupos étnicos se enfrentaban y, si se ignoraba, la iglesia podía sufrir un gran daño. Los líderes no señalaron con el dedo a nadie más que a ellos mismos. Sabían que no daban abasto y que no podían ser fieles a su vocación principal, que era la oración y el ministerio de la Palabra (es decir, "ministerio" es *diakonia*, que significa "trabajar"). Querían trabajar en la oración y en dar a conocer la Palabra de Dios. Esta situación acentuó su necesidad de una estructura interna para adaptarse a las demandas ministeriales de una gran iglesia en continuo crecimiento.

Al no ignorar esta necesidad, los apóstoles crearon un sistema de gobierno (estructura interna) que satisfacía las necesidades de aquellos que eran ignorados. Los apóstoles querían delegar efectivamente la responsabilidad a otro nivel de liderazgo. La iglesia del primer siglo era muy judía en la práctica, como se ve aquí. Esta distribución de alimentos se llamaba la costumbre de la kuppah (es decir, cesta). Los individuos iban de casa en casa para recoger alimentos y dinero para los necesitados, en particular para las viudas y los huérfanos que no tenían familia para atender sus necesidades. Esta colecta se hacía con una kuppah, o cesta. Así que, para continuar con este ministerio benévolo en una iglesia que crecía rápidamente, se necesitaba una estructura interna más eficaz.

Versículos 5-6

> Esta propuesta agradó a toda la asamblea. Escogieron a Esteban, hombre lleno de fe y del Espíritu Santo, y a Felipe, a Procoro, a Nicanor, a Timón, a Parmenas y a Nicolás, un prosélito de Antioquía. Los presentaron a los apóstoles, quienes oraron y les impusieron las manos.

Cuando pusieron en marcha la nueva estructura de liderazgo para atender a las viudas, los creyentes la adoptaron inmediatamente.

Responder a su llamado

Los líderes incluso resolvieron el problema con personas que fueron afectadas por el problema: los griegos. Las viudas de habla griega estarían seguras de recibir comida porque los elegidos para servir en la nueva función eran griegos. Los siete fueron presentados a los apóstoles, que luego oraron y les impusieron las manos, lo que fue una señal de darles tanta responsabilidad como autoridad.

Versículo 7

> Y la palabra de Dios se difundía: el número de discípulos aumentaba considerablemente en Jerusalén, e incluso muchos de los sacerdotes obedecían a la fe.

Hay un tiempo gramatical griego particular en este verso que se utiliza tres veces, y el tiempo significa que la acción referida continuó sin cesar. La Palabra de Dios siguió extendiéndose, y luego se extendió un poco más. Esto no significa que se escribieran más y más libros de la Biblia, sino que la Palabra de Dios seguía extendiéndose en la vida de las personas, teniendo un impacto que les cambiaba la vida. Además, el número de nuevos discípulos seguía aumentando. Más sacerdotes judíos se hicieron obedientes a la fe cristiana al convertirse también. El cristianismo hizo enormes incursiones dentro del liderazgo judío en Jerusalén. La palabra griega aquí indica literalmente que "multitudes" de sacerdotes se estaban convirtiendo en seguidores de Jesús.[25] ¿Por qué? Los líderes estaban dispuestos a cambiar las estructura internas dentro de la iglesia del primer siglo. La iglesia permaneció unificada mientras se multiplicaba.

LA IGLESIA DEL SIGLO XXI

Al igual que los líderes cambiaron intencionadamente la estructura interna tradicional de la iglesia del primer siglo, los líderes de la iglesia del siglo XXI también deberían estar dispuestos a hacer

---

[25]Véase https://biblehub.com/greek/strongs_3793.htm consultado el 26 de septiembre de 2018.

lo mismo, si esperamos crear un entorno que siga viendo a la gente llegar a una nueva fe en Cristo. El mundo empresarial nos brinda una buena ilustración del cambio de tradición. La empresa Bayer dejó de poner algodón en sus frascos de aspirinas después de ochenta y cinco años. La empresa descubrió que las aspirinas se conservaban mejor sin los algodones que habían formado parte de sus envases desde 1914. Los dirigentes de Bayer admitieron que no había ninguna razón viable para seguir utilizando el algodón, aparte de la tradición. Una vez que tomaron la decisión de romper con la tradición, los consumidores se beneficiaron al acceder más fácilmente a la aspirina, ya que el algodón había estado estorbando. Bayer tomó una buena decisión que reflejaba bien su propósito de existencia.

La iglesia existe para continuar donde Jesús la dejó. Jesús dijo que "vino a buscar y a salvar lo que se había perdido" (Lucas 19:10), y a su vez, dijo a sus discípulos: "Como el Padre me envió a mí, así yo los envío a ustedes" (Juan 20:21). Hemos sido enviados por Jesús a buscar a los perdidos. Debemos hacer discípulos de todos los grupos de personas (Mateo 28:18-20). Para cumplir nuestra misión, es esencial una estructura interna eficiente.

Muchas congregaciones tienen una política de naturaleza restrictiva. Las juntas de la iglesia tienen la tendencia a microgestionar a las personas, exigiendo que uno pase por obstáculos innecesarios. Los equipos de liderazgo de la iglesia que hacen mociones y votan siguiendo Las Reglas de Orden de Robert crean un ambiente de división: algunos ganan y otros pierden, dependiendo del resultado de la votación. Tales prácticas dividen a la gente. Una mentalidad de "junta directiva de iglesia" impide que una iglesia crezca porque el tiempo del líder se gasta en estas formas menos significativas. Por el contrario, una iglesia que desarrolla e implementa una estructura interna de gobierno de ancianos crea un ambiente evangelístico, fomentando el crecimiento numérico. Para entender el gobierno de los ancianos,

Responder a su llamado

primero debemos entender un movimiento reciente llamado gobierno de políticas.

Para reflexionar: ¿Cuánto tiempo semanal dedicas realmente a las tareas relacionadas con la iglesia?

La historia de la gobernanza política

El Dr. John Carver es el creador, reconocido internacionalmente, del modelo de gobernanza política, que ahora utilizan los consejos de administración de todo el mundo. La gobernanza política es un enfoque del funcionamiento de los consejos de administración orientado a los resultados, que hace que los dirigentes sean más eficaces en la gestión de una organización. La gobernanza política entiende que "el consejo o junta de administración está en la cima de cualquier organización, con autoridad y responsabilidad sobre la misma".[26] La gobernanza política es una teoría o un enfoque del funcionamiento de los consejos de administración, y puede ser implementada por las organizaciones a voluntad. La gobernanza política se basa en principios fundamentales, como la confianza, ya que quienes dirigen las organizaciones son responsables ante sus integrantes. En la gobernanza política, un consejo habla con una sola voz, fomentando un espíritu de unanimidad. Un consejo que opera bajo la gobernanza política toma decisiones políticas que reflejan los valores y la visión del consejo. Una vez establecidas las políticas, el consejo delega la responsabilidad y la autoridad en el líder principal de la organización (es decir, el director general) para que dirija al personal.

En el modelo de gobierno de Carver, los "fines" (es decir, los resultados) son el centro de atención de los miembros del consejo de administración, mientras que los "medios" (es decir, los métodos para lograr los resultados) son el centro de atención del personal de

---

[26] John y Miriam Carver, *Reinventing Your Board* (Reinventar su junta) (San Francisco, California: John Wiley & Sons, Inc.) 2006, p. 3.

la organización. Las iglesias que adoptan la política de gobernanza de Carver para su estructura interna deben tener cuidado de que los ancianos no se centren estrictamente en los resultados o "fines", sino que sigan participando en los "medios" o métodos para lograr los resultados para la congregación. Se puede utilizar una forma de gobierno mixta o híbrida.

Gobernanza de los ancianos

Al igual que el gobierno de la junta directiva, el gobierno de los ancianos es una teoría o enfoque para dirigir una congregación local, haciendo que la estructura interna de la iglesia sea más eficaz. Cuando el sistema de gobierno de la iglesia local es más eficiente, existe la posibilidad de que la iglesia sea más sana, y una iglesia sana es una iglesia que crece.

La gobernanza de los ancianos abarca principios similares a los de la gobernanza política. Por ejemplo, está el principio de la confianza. El apóstol Pablo escribió: "Ahora bien, a los que reciben un encargo se les exige que demuestren ser dignos de confianza" (1 Corintios 4:2). Los ancianos –y otros en un alto nivel de liderazgo en la iglesia local– han recibido un encargo de Dios, y deben ser fieles en esa responsabilidad. Además, Jesús enseñó la parábola de los diez talentos (Mateo 25:14-30), que ilustra el hecho de que su reino ha sido confiado a los líderes. Estos líderes serán responsabilizados por Jesús en su segunda venida por la forma en que dirigieron su iglesia en su ausencia.

El gobierno de los ancianos exige la unanimidad entre ellos, que se expresa en "una sola voz". La unidad es de vital importancia para Jesús, ya que oró para que fuéramos uno como él y el Padre son uno, y para que fuéramos llevados a la unidad completa (Juan 17:20-23). En la última noche de su vida, la iglesia fue el centro de las oraciones de Jesús, que llaman a los seguidores de Cristo a esforzarse por la unidad,

Responder a su llamado

particularmente entre aquellos que han sido confiados como líderes dentro de su iglesia.

El gobierno de los ancianos toma decisiones políticas. En lugar de microgestionar todas y cada una de las decisiones del personal y los voluntarios de la iglesia, los ancianos establecen políticas escritas que se deben seguir dentro de la iglesia local. Una vez establecidas y aplicadas las políticas, los ancianos pueden centrarse en cuestiones de naturaleza más espiritual. El gobierno de los ancianos delega intencionadamente la responsabilidad y la autoridad en otros, especialmente en las áreas de los dones y la vocación espiritual de los demás. Sólo mediante el establecimiento de políticas pueden los ancianos delegar eficazmente las responsabilidades en las personas, acompañadas de la autoridad para ejercer el ministerio.

Cuando una congregación está organizada bajo el gobierno de los ancianos, hay cuatro funciones principales de un equipo de ancianos. Para mantenerse centrados en estas cuatro tareas principales, los ancianos pueden organizar el orden del día de una reunión utilizando estas cuatro categorías, y si un asunto no encaja en una de estas categorías, es probable que la tarea deba ser manejada por otro equipo de liderazgo dentro de la iglesia.

Las cuatro funciones principales dentro del gobierno de los ancianos son: (1) establecer la política, (2) proporcionar supervisión pastoral, (3) dirigir el ministerio de la oración y la predicación y (4) proteger a las personas. Los asuntos operativos cotidianos no son competencia de los ancianos, ni tampoco las cuestiones administrativas o financieras. Estas responsabilidades, y la autoridad que las acompaña para realizar el trabajo, deben ser delegadas por los ancianos al personal u otros equipos de liderazgo voluntarios. Otros miembros de la iglesia son líderes capaces y debemos confiarles estos asuntos.

Para reflexionar: ¿Puede su estructura interna y política mejorar? Si es así, ¿cómo?

Descripción de las cuatro funciones de un anciano

En primer lugar, el gobierno de los ancianos exige el establecimiento de una política. En Hechos 15, los apóstoles y los ancianos de Jerusalén respondieron a una importante disputa en la iglesia primitiva, que dio lugar al concilio de Jerusalén de los Hechos.

Un bloqueo se desarrolló en la iglesia de Antioquía, haciendo necesario que Pablo, Bernabé y Pedro resolvieran el asunto con los líderes de la iglesia en Jerusalén. El desacuerdo se refería a la necesidad de circuncisión de los gentiles antes de la salvación. Santiago, como "anciano principal" de la iglesia de Jerusalén, emitió una "decisión política" que comienza en el v. 13 ("Hermanos, escúchenme."). Los ancianos enviaron a Pablo y a Bernabé de vuelta a Antioquía con instrucciones tanto verbales como escritas para que no se lo pusieran demasiado difícil a los gentiles que se estaban convirtiendo a Dios.

Se estableció y publicó una política. Además, se dio responsabilidad y autoridad a los líderes de la iglesia para realizar el ministerio de acuerdo con la política. Pablo, Bernabé y otros no fueron "microgestionados" mientras llevaban a cabo su ministerio. En el gobierno de los ancianos, nos negamos a microgestionar al personal de la iglesia. El personal estará muy involucrado en la redacción de los borradores de la política, que luego son revisados, editados (si es necesario), y adoptados por los ancianos. Los ancianos supervisan la compilación de un Manual de políticas escrito. Las políticas proporcionan parámetros para el funcionamiento de la iglesia. Los ancianos delegan entonces la autoridad al personal para operar la iglesia (es decir, la toma de decisiones) dentro de esos parámetros establecidos. Este entorno también puede denominarse "dirigido por el personal, protegido por los ancianos".

En segundo lugar, el gobierno de los ancianos exige la supervisión de los asuntos pastorales. El texto anterior (Hechos 15:1ss; el concilio de Jerusalén) también destaca la naturaleza pastoral del ministerio de los ancianos. En el v. 4, Pablo y sus compañeros rindieron cuentas (es decir, se les pidió que dieran un informe) a Santiago el justo y a los demás apóstoles de la iglesia de Jerusalén. Los ancianos de Jerusalén habían enviado a Bernabé a Antioquía para ejercer el ministerio entre los gentiles. Tanto Pablo como Bernabé tenían un sentido de responsabilidad ante los ancianos de Jerusalén.

El desacuerdo que motivó la convocatoria del consejo era espiritual; era una cuestión de interés pastoral. Los ancianos son involucrados en la vida de las personas de la congregación, en particular, para establecer una cultura de responsabilidad entre ellos. Los ancianos "envían" a los que se han preparado para el ministerio cristiano a tiempo completo, y se establece una relación de responsabilidad entre estas personas y los ancianos. Las personas deben ser ordenadas por la iglesia local sólo después de completar con éxito los exámenes escritos y orales administrados por los ancianos para determinar la capacidad de un individuo para representar el evangelio de Jesucristo como un ministro ordenado. Los "enviados" de la iglesia local reciben atención pastoral y desarrollo ministerial continuo en una relación de pacto con la iglesia que los ordena.

En Hechos 20:28, el Apóstol Pablo instó a los ancianos de la iglesia de Éfeso a "pastorear" la iglesia. Los ancianos están involucrados en proporcionar atención pastoral en el área de los asuntos espirituales, que incluye pero no se limita a la atención de las necesidades emocionales, espirituales y físicas de las personas, el cuidado de las necesidades relacionales de las personas, así como la administración de la disciplina de la iglesia cuando se considere necesario. Los ancianos atienden pastoralmente a las personas enfermas, recluidas, inactivas espiritualmente, afligidas, etc. Para ello, los ancianos están visiblemente presentes en la vida de las personas a su cargo, ya sea en la iglesia, en sus hogares, en los hospitales, en los grupos pequeños, etc.

En tercer lugar, el gobierno de los ancianos exige el ministerio de la oración y la palabra. En Hechos 6:1-7, los apóstoles enfatizaron su necesidad de ministrar a la gente mediante la oración y la enseñanza de la palabra (v. 4). Al nombrar a los primeros diáconos para que supervisaran las necesidades físicas de llevar alimentos a las viudas, los líderes espirituales de la iglesia primitiva se dedicaron a orar y enseñar en el cuerpo de la iglesia.

Al delegar las tareas operativas en otros, los ancianos de la iglesia del siglo XXI pueden dedicarse al ministerio de la oración y la enseñanza. Por lo tanto, los ancianos se involucran intencional y persistentemente en la oración. Los ancianos están disponibles de manera más fácil y visible para la oración intercesora, particularmente durante el culto colectivo. Los ancianos deben cultivar una cultura de oración entre el pueblo (Santiago 5:16). Los ancianos dirigen la oración con el ejemplo (1 Corintios 11:1). No podemos esperar que la gente en la iglesia local tenga una vida de oración poderosa si los líderes espirituales de la iglesia no están modelando ese comportamiento. Lo mismo ocurre con la enseñanza de la palabra. En Hechos 20, Pablo se despidió de los ancianos de la iglesia en Éfeso. Es interesante notar que él profetizó que de esos mismos hombres –¡ancianos!– algunos distorsionarían la verdad (v. 30) para "arrastrar" a la gente de la iglesia y tener sus propios seguidores. Después de que Pablo dejó a Éfeso, Timoteo se convirtió en el pastor de esa congregación, y Pablo consideró necesario escribirle a Timoteo y decirle que permaneciera en Éfeso para ordenar a algunos supuestos maestros que dejaran "de enseñar doctrinas falsas" (1 Timoteo 1:3). Algunos de estos maestros problemáticos eran sin duda ancianos de la iglesia. Los ancianos deben tener un conocimiento bíblico significativo para poder guardar la enseñanza que ocurre en el cuerpo de la iglesia (es decir, lo que se enseña en los grupos pequeños, lo que se predica desde el púlpito, etc.). El ambiente de enseñanza comienza con los ancianos, quienes deben fomentar un ambiente de aprendizaje continuo, modelando la alfabetización bíblica para la congregación. Conocemos la Palabra para vivir la Palabra.

Responder a su llamado

Por último, los ancianos protegen a la congregación. Este aspecto surge realmente como un "efecto neto" cuando las otras tres funciones se hacen bien. En la medida en que conozcamos y vivamos la Palabra, protegeremos a la congregación teológicamente, espiritualmente, relacionalmente y más. Como pastores del rebaño, debemos ser supervisores y vigilantes, asegurándonos de que el maligno no invada el cuerpo de Cristo de ninguna manera. Protegeremos las relaciones, los matrimonios, y trataremos rápidamente los conflictos. Seremos proactivos en la protección de la iglesia local de cualquier intento del maligno de causar estragos entre nosotros. Nosotros, *la iglesia,* tenemos un enemigo y debemos trabajar juntos para proteger a la esposa de él *"para que Satanás no se aproveche de nosotros, pues no ignoramos sus artimañas"* (2 Corintios 2:11).

Para reflexionar: ¿Cuál es tu nivel de participación en una reunión típica de ancianos? ¿Cómo describiría una típica reunión de ancianos donde usted sirve?

¿Recuerdas, desde hace años, "la emoción de la victoria... y la agonía de la derrota" en la apertura del programa de televisión The Wide World of Sports (El Amplio Mundo de los Deportes)? Cuando Vinko Bogataj (saltador de esquí) comenzó su descenso, todo parecía ir bien. Sin razón aparente, se cayó de picada desde la orilla de la pista de esquí. [Verlo aquí: https://www.youtube.com/watch?v=jKEDD1i4oGk] Pasaron algunos años antes de conocer el contexto más amplio de la historia. Bogataj ya había sido retenido por los oficiales de la carrera durante más de veinte minutos en la línea de salida. Los oficiales continuaron el evento, a pesar del cambio de tiempo. La superficie de la carrera se volvió hielo; Bogataj sabía que probablemente iba a aterrizar más allá de la zona segura de aterrizaje, poniendo en peligro su vida. Intentó cambiar su peso para realizar un salto más corto, pero la pequeña corrección de último momento se convirtió en una caída.[27] Hacer este cambio fue doloroso, pero podría haber sido fatal si no hubiera hecho ningún cambio. En la iglesia, con demasiada frecuencia "esperamos hasta el último segundo", y el cambio se vuelve doloroso. Las decisiones retrasadas pueden fácilmente salirse de control, creando resultados que nunca imaginamos.

Para reflexionar: ¿Hasta qué punto está abierto tu liderazgo al cambio? Se específico.

Cambiar la estructura interna de la iglesia local puede ser un trabajo duro y doloroso. Si elegimos hacer este cambio, podemos experimentar la "emoción de la victoria" al poder llevar a más personas a Cristo, como en la iglesia del primer siglo. Sin embargo, no hacer este doloroso cambio puede resultar en la "agonía de la derrota".

---

[27] Tomado de http://www.espn.com/olympics/story/_/id/17310907/happened-agony-de-feat-ski-jumper, consultado el 2 de enero de 2017

Para el debate y reflexión en grupo: Para que todos ustedes, como grupo, reflexionen y discutan:

- ¿Cómo describieron tus compañeros ancianos la estructura interna de su iglesia?
- ¿Qué tanto participan los ancianos en el funcionamiento diario de la congregación?
- ¿De qué manera podríamos mejorar la eficacia y la eficiencia de las reuniones de los ancianos?
- Como ancianos, ¿cuáles son las tres mejoras obvias que podrían hacerse en la estructura organizativa interna de la congregación?
- ¿Qué argumentos suelen surgir cuando se propone un cambio en una reunión de ancianos? ¿Hasta qué punto son legítimas las objeciones?

Capítulo 6

Evaluación por pares

Jim Estep

A nadie le gusta ir a una revisión. Los médicos escuchan, pinchan, golpean, amordazan, encienden luces, hacen radiografías, insertan agujas y, quizás lo peor de todo, se ponen ese guante de plástico tan familiar. Si algo de esto se hiciera fuera de la consulta médica, ¡podrían ser arrestados por agresión! Puede que no nos guste, pero las revisiones son necesarias. Sin ellos, esperamos a que algo vaya mal y, para entonces, puede ser demasiado tarde. Sólo dos cosas podrían empeorar la situación. ¿Qué pasaría si el médico fuera un extraño, alguien que no te conociera y que tú no conocieras? Serías sólo un paciente, una carpeta entregada por una enfermera; un nombre y una ficha, pero no te conocen como persona. Peor aún, ¿y si el médico fuera simplemente alguien que solo diagnostica? "Bueno, señor Smith, tiene usted razón. Tiene fiebre y está enfermo. Gracias por venir. ¡Siguiente!" No vamos al médico para que nos diagnostiquen. Vamos para que nos curen, para que nos devuelvan la salud.

Por eso son beneficiosas las evaluaciones de los compañeros. Puede que no nos guste la idea de tener que ser evaluados, pero al igual que las revisiones médicas, son beneficiosas. Al ser realizadas por compañeros, y no por extraños, es un momento de estímulo mutuo y de responsabilidad hacia los demás. Dado que el propósito de estas evaluaciones no es sancionadora, no es una ocasión para identificar simplemente los errores de los demás y señalar con el dedo, sino para evaluar honestamente los puntos fuertes y débiles, con apoyo para mejorar el servicio de uno mismo a la congregación y al reino. Desde esta perspectiva, el propósito de la evaluación entre pares es la mejora; es pastoral, no punitiva. Además, es un proceso formal que se realiza en la comunidad de hermanos ancianos.

¿Cómo evalúan mis compañeros mi servicio? La evaluación por parte de los compañeros es una forma habitual de evaluación, sobre todo en el ámbito profesional. Del mismo modo, si la evaluación ha de ser una actividad comunitaria, supone la participación de toda la comunidad, no sólo de uno mismo y de sus superiores institucionales. Los compañeros aportan una valiosa voz en la evaluación por el simple hecho de ser compañeros. ¿Quién mejor para evaluar a un individuo que otro que comparte un compromiso y una convicción similar dentro de la institución? Un colega anciano puede empatizar, proporcionar una visión de la vida y de la familia, alentar la formación espiritual, aconsejar en situaciones de conflicto, explicar ideas concernientes al pastoreo de personas en la congregación e incluso proporcionar recursos y consejos de enseñanza. Las congregaciones que piden a los ancianos que participen en la evaluación de sus compañeros crean un círculo virtuoso de mejora continua dentro de su liderazgo.

Objeciones: "¿No es eso juzgar; no está Jesús en contra de juzgar a los demás?"

Esta es una objeción común a cualquier forma de evaluación en la iglesia, y en particular entre sus dirigentes o con los voluntarios. Sí, Jesús dijo realmente: "No juzguen a nadie, para que nadie los juzgue a ustedes" (Mateo 7:1). A partir de este versículo, muchos líderes cristianos se sienten justificados para no realizar evaluaciones de sus compañeros. Sin embargo, Jesús en realidad está expresando su preocupación por la actitud injusta y unilateralmente crítica de los fariseos hacia sus seguidores, porque en el siguiente versículo, Jesús dice: "Porque tal como juzguen se les juzgará, y con la medida que midan a otros, se les medirá a ustedes" (Mateo 7:2). En Lucas 7:43,

Evaluación por pares

Jesús elogia a Simón el fariseo por haber llegado a un juicio correcto al decidir una cuestión de carácter entre dos individuos en una parábola. Jesús amonestó la actitud de los fariseos de buscar culpables, no la noción de evaluar el desempeño de uno. Pablo también ordenó directamente que juzgáramos el carácter de aquellos en la iglesia: "¿Acaso me toca a mí juzgar a los de afuera? ¿No son ustedes los que deben juzgar a los de adentro?" (1 Corintios 5:12). La evaluación está implícita en el establecimiento de criterios para los líderes cristianos (por ejemplo, 1 Timoteo 3:1-13; Tito 1:5-9; 1 Pedro 5:1-4); alguien tiene que determinar si los posibles candidatos cumplen o no los criterios de selección. La evaluación, entonces, el juicio de alguna manera, se *requiere*! Los ancianos deben saber cómo dar una evaluación sin ser juiciosos, y cómo proporcionar una crítica constructiva en lugar de una crítica negativa.

Para reflexionar: ¿Cuáles son los mayores obstáculos para iniciar la evaluación por pares entre los ancianos de tu iglesia?

VALOR DE LA EVALUACIÓN POR PARES

Michael Woodruff señala que no evaluar el desempeño de ningún trabajador de la iglesia es "el alto precio de ser demasiado amable".[28] ¿Cuál es el daño si los ancianos simplemente no son evaluados? Bien, apliquemos esa idea a otros aspectos de la vida. ¿Qué pasaría si nunca le preguntaras a tu hijo adolescente sobre la escuela? ¿Y si nunca ajustes tu chequera con el informe bancario? ¿Y si nunca dedicaras tiempo a reflexionar sobre tu propia vida, mirando hacia tu futuro profesional o tu jubilación? ¿Y si nunca programaras un chequeo médico o nunca te preguntaras por ese extraño dolor en el pecho? Los asuntos que se dejan sin atender tienden a dar lugar a problemas que requieren atención, problemas que podrían haberse

---

[28] Michael Woodruff (1994), "Managing Your Ministry" (Administrar tu ministerio), Youthworker (invierno de 1994), p. 38.

evitado o mitigado si se hubieran detectado antes. La evaluación por parte de los ancianos tiene varias ventajas, no sólo para los ancianos, sino también para la congregación.

Primero, "El hierro se afila con el hierro, y el hombre en el trato con el hombre" (Proverbios 27:17). La evaluación entre pares es parte del proceso de formación de un grupo de hermanos, ancianos que ayudan a los ancianos a mejorar su ministerio dentro de la congregación. El liderazgo de la iglesia requiere mentes agudas, corazones grandes y manos fuertes; el desarrollo de tales líderes requiere una atención continua.

Segundo, la evaluación entre pares puede promover la formación de la responsabilidad relacional entre los líderes de la congregación. Él ancianato es una comunidad dentro de la comunidad de fe. Como líderes, los ancianos son responsables no sólo ante Dios, sino también entre ellos. Un sentido de responsabilidad compartido entre estos hombres produce lazos de relación personal, espiritual y pastoral entre ellos. Si nuestros compañeros ancianos no nos piden cuentas, ¿quién lo hará? No hay ninguna jerarquía humana, asociación, etc. que intervenga para hacernos responsables. Nos necesitamos unos a otros para apoyarnos y evaluarnos para mejorar nuestra postura de liderazgo.

Tercero, la evaluación periódica de los compañeros forma parte del ADN del liderazgo. A decir verdad, los ancianos siempre hacen evaluaciones. El problema es que suelen esperar a que surja una situación que lo requiera. Las evaluaciones que no se programan regularmente suelen ser reactivas. Se produce una situación que requiere una intervención. La evaluación se realiza entonces bajo presión, en una situación de conflicto u otro tipo de crisis. Si las evaluaciones de los compañeros se programan con regularidad, los ancianos simplemente saben que ha llegado el momento de la evaluación anual y no se ponen a la defensiva.

Evaluación por pares

Cuarto, las evaluaciones de los compañeros fomentan el trabajo en equipo. "Uno solo puede ser vencido, pero dos pueden resistir. La cuerda de tres hilos no se rompe fácilmente" (Eclesiastés 4:12). Las evaluaciones son una ocasión para entrelazar las cuerdas del liderazgo. La sinergia del trabajo en equipo se promueve al participar en la evaluación de los demás, en un espíritu de amistad y servicio a la causa de Cristo y de su iglesia.

¿Cómo se evalúan los ancianos?

"Recuerde que el propósito central de la evaluación es la mejoría".[29] La evaluación entre pares no se realiza con una actitud de superioridad, sino de superación y desarrollo colaborativo como líderes servidores dentro de la comunidad de fe. Para que cualquier sistema de evaluación entre pares sea eficaz, debe tener cuatro elementos.

Primero, elabore una lista de expectativas declaradas para los ancianos. Todos tenemos expectativas. ¿Pero qué pasa si cada anciano tiene una lista o un nivel de expectativas diferente? Sin una lista común y estandarizada de expectativas para servir como anciano — es decir, un entendimiento conjunto sobre lo que significa servir como anciano dentro de nuestra congregación — entonces la evaluación es casi imposible. Los ancianos deben entablar primero un diálogo sobre las expectativas y buscar la opinión de los miembros de la congregación, de los antiguos ancianos, de la literatura pastoral, o quizás incluso de los ancianos de otras congregaciones. Una vez que la lista ha sido elaborada y aprobada a través de cualquier proceso de aprobación que se requiera, los ancianos tienen ahora una regla común para medir el servicio de los demás en el papel.

---

[29] Kenneth Gangel, Team Leadership in Christian Ministry (Liderazgo en equipo en el ministerio cristiano) (Chicago, Illinois: Moody Press) 1997, p. 383.

Responder a su llamado

> ***Para reflexionar:*** ¿Tienes como anciano, o como candidato, expectativas para los hombres que sirven como ancianos? ¿Cuáles son esas expectativas?

Segundo, programar regularmente un tiempo para la evaluación de los compañeros, haciéndola parte fundamental del liderazgo. Las evaluaciones incidentales, reactivas u ocasionales son demasiado infrecuentes o irregulares para beneficiar a los ancianos o a la congregación. Cuando las evaluaciones entre pares se convierten en un evento anual, programado regularmente en el calendario y la agenda de los ancianos, se elimina la ansiedad. Por ejemplo, cuando de niño, sentado en la escuela, escuchabas tu nombre por el sistema megafónico pidiéndote que fueras a la oficina del director, ¿qué pasaba por tu mente; o, qué habría pasado por tu mente? "¿Qué he hecho? ¿Qué es lo que está mal?" Cuando estás sentado en casa y te llama la secretaria de tu médico para decirte que el doctor quiere verte personalmente sin motivo aparente: "¿Por qué llama? ¿Qué tengo?" Si aparece una reunión que no está programada regularmente, produce ansiedad. Cuando está programada regularmente, gran parte de la ansiedad se disipa y uno puede prepararse fácilmente para la evaluación.

"Cada cual examine su propia conducta; y, si tiene algo de qué presumir, que no se compare con nadie. Que cada uno cargue con su propia responsabilidad" (Gálatas 6:4-5). La evaluación por pares sólo es eficaz si va precedida de un período de autoevaluación, que sólo se producirá si el anciano sabe que está programada, lo que significa que debe ser regular y esperada.

> ***Para reflexionar:*** ¿De qué manera nos damos retroalimentación unos a otros de manera consistente? Si no lo hacemos, ¿por qué no?

Evaluación por pares

Tercero, realizar la evaluación por pares. Dependiendo del tamaño del grupo de ancianos, se puede hacer de varias maneras. Podría hacerse entre dos compañeros de "rendición de cuentas" cara a cara en privado, o tal vez en un grupo pequeño de tres o cuatro ancianos. Si el número de ancianos es relativamente pequeño, puede hacerse con todos los ancianos presentes. En cualquier caso, dado que los ancianos han acordado una norma común y han establecido un período rutinario de evaluación, ahora es cuestión de sentarse unos con otros y discutir cómo se compara con las expectativas. Como se ha señalado anteriormente, si la evaluación de los compañeros va precedida de un período de autoevaluación, un anciano puede reconocer un punto débil o un área de interés incluso antes de que lo identifiquen sus compañeros. Si se le da la oportunidad de compartir los resultados de su autoevaluación al principio de la sesión, el anciano puede compartir ideas sobre sí mismo que otros iban a señalar. Puede resultar bastante consciente de sus puntos fuertes y débiles, lo que permite a sus compañeros simplemente afirmar sus percepciones y proporcionarle apoyo y recursos para mejorar. La autoevaluación también puede revelar verdades que los compañeros simplemente desconocen; compartir estas percepciones profundizará los lazos relacionales entre los ancianos.

Por último, dar una retroalimentación adecuada al anciano. La retroalimentación adopta dos formas en la evaluación por pares. La retroalimentación inicial se dará durante la sesión de evaluación entre pares. Esto es inevitable, ya que los pares discuten sus puntos de vista sobre la vida, las relaciones y el desempeño del otro como líder de la congregación. La propia definición de "par" significa que parte de la retroalimentación será en el contexto de la discusión y el diálogo entre ellos. La segunda forma de retroalimentación es más formal. Los resultados de la discusión deben ser resumidos de forma escrita, tal vez una página de borrador de la autoevaluación del anciano y la evaluación de los pares, señalando en particular cómo los ancianos responderán a las necesidades de su hermano. Este resumen se puede compartir con el anciano para que lo revise y haga un seguimiento de las cuestiones adicionales que pueda plantear.

Cuando estos cuatro pasos se utilizan como un sistema, los ancianos pueden "ofrecer una evaluación profunda y honesta"[30] al servir a la congregación.

Recursos para la evaluación por pares

¿Qué tipo de preguntas hacemos? ¿Qué herramientas podemos utilizar para llevar a cabo las evaluaciones de los compañeros? Dos de los siguientes apéndices contienen herramientas de evaluación. Uno de ellos es una herramienta cualitativa, que evalúa a un candidato mediante una entrevista y un diálogo, por lo que es más holístico. El otro es una herramienta cuantitativa, un instrumento con un formato más rígido para evaluar al candidato. Es posible que tenga que hacer algunos ajustes en el contenido de estas herramientas para adaptarlas a su congregación. Por último, reconozcamos que ninguna herramienta de evaluación u opinión es suficiente. Independientemente, todas son inadecuadas. Sin embargo, cuando un individuo utiliza una herramienta determinada para evaluar su propio desempeño, y luego los que sirven junto a él utilizan la misma herramienta o una similar para dar su opinión, se obtiene un retrato más completo del desempeño del anciano. La evaluación no consiste en que alguien se mire en un espejo, sino en que otros aporten su visión y su estímulo.

Conclusión:

"Nunca dejen de ser diligentes; antes bien, sirvan al Señor con el fervor que da el Espíritu" (Romanos 12:11). Los ancianos sanos practican la evaluación por pares de forma regular como parte de su liderazgo. Cuando las evaluaciones de los compañeros se hacen en una atmósfera de preocupación pastoral y crecimiento personal, afirman

---

[30]Jim Ryan, "Rewarding Good Performance" (Premiar el buen rendimiento), Church Administration, 40 (1997), p. 28.

Evaluación por pares

los valores cristianos de alto aprecio del individuo, el compromiso con la comunidad y la relación respetuosa entre cristianos.

Apéndice:
Ejemplo de evaluación de ancianos 1

Cada anciano de [insertar nombre de su iglesia] completará anualmente el siguiente formulario de responsabilidad y evaluación. La autoevaluación de cada anciano será leída por cada uno de los otros ancianos y luego revisada verbalmente en una reunión por todos los ancianos. Estas evaluaciones entre pares sirven para que los líderes espirituales de nuestra congregación sean mutuamente responsables de un estándar de excelencia.

Nombre: _____

Años de trabajo y servicio como anciano: _____

El hierro se afila con el hierro,
y el hombre en el trato con el hombre.
Proverbios 27:17

Sean ustedes santos, porque yo, el Señor, soy santo
Levítico 20:26; Mateo 5:48: 1 Pedro 1:16

Nosotros, los ancianos de [insertar nombre de iglesia], agradecemos la evaluación de nuestros compañeros. Sabiendo que hay tres criterios principales para servir en esta capacidad, nos hacemos responsables unos a otros en esas mismas áreas de interés. Después de completar lo siguiente por escrito, comentaremos nuestras respuestas entre nosotros con la esperanza de que todos lideremos, vivamos y sirvamos lo mejor posible, y lo más parecido a Cristo.

Categoría 1: Llamado

1. ¿Cómo y en qué medida encuentra usted satisfacción personal sirviendo como anciano?
2. ¿Cómo te ha utilizado Dios en esta posición de servicio?
3. ¿Hasta qué punto esperas seguir sirviendo como anciano?
4. ¿Cómo, y en qué medida, sientes un cambio en el llamado de Dios en tu vida para servir como anciano?

Categoría 2: Competencia

5. ¿En qué áreas específicas del ministerio has servido este año?
6. ¿Cómo evaluarías tu servicio?
7. ¿Cómo evaluarían tu servicio las personas de tu círculo de influencia?
8. ¿Cómo han influido las exigencias del ministerio en su crecimiento espiritual?
9. ¿Cómo, y en qué grado, piensas desarrollar competencias específicas en tus dones espirituales?
10. ¿Hay cambios que deben efectuarse con tu papel de anciano? ¿Mejorarán estos cambios tu competencia?
11. ¿Hay maneras específicas en las que nosotros, u otros, podamos apoyarte para servir más eficazmente como anciano? Si es así, por favor describe esas sugerencias.

Categoría 3: Carácter

12. Por favor, describe tu búsqueda de disciplinas espirituales (por ejemplo, la oración, el ayuno, la lectura de la Biblia, la soledad, el silencio, etc.) en tu vida este último año.

13. ¿Cómo percibes que está ocurriendo la santificación en tu vida?

14. ¿Qué medidas estás llevando a cabo para proteger tu integridad?

15. ¿Hay algún hermano en Jesús que te hace responsable de tu carácter? Si no, ¿por qué no? Si es así, ¿cómo funciona esa relación de rendición de cuentas?

Apéndice: Ejemplo de evaluación de ancianos 2

El cuadro de la página siguiente es una recopilación de los múltiples instrumentos disponibles. Por lo tanto, constituye un "banco de preguntas" y, como tal, no debe "copiarse" para utilizarlo precisamente de esta forma. En cambio, los elementos deben ser cuidadosamente seleccionados y modificados para adaptarlos a tu congregación. El instrumento, entonces, podría ser completado y comentado individualmente, o todos los ancianos podrían completar el instrumento con respecto a todos los que sirven como ancianos y luego discutir sus resultados. Así se construirá una imagen más íntegra del punto de vista de sí mismo junto con las opiniones de sus compañeros.

Responder a su llamado

Elemento de evaluación	Bajo Alto
Paso tiempo con los nuevos fieles/miembros.	① ② ③ ④ ⑤
Visito a los miembros de la congregación.	① ② ③ ④ ⑤
Doy seguimiento a los miembros inactivos.	① ② ③ ④ ⑤
Hablo con los miembros que están descontentos con nuestra congregación.	① ② ③ ④ ⑤
Construyo intencionalmente relaciones con personas perdidas.	① ② ③ ④ ⑤
Visito a los enfermos y/o hospitalizados.	① ② ③ ④ ⑤
Visito a los miembros que están encerrados en casa.	① ② ③ ④ ⑤
Proporciono orientación/consejo espiritual a las personas	① ② ③ ④ ⑤
Animo a otros en su camino cristiano.	① ② ③ ④ ⑤
Saludo a la gente en los actos de la iglesia, incluido el culto dominical.	① ② ③ ④ ⑤
Imparto una clase/guío a un grupo pequeño.	① ② ③ ④ ⑤
Participo activamente en el culto (es decir, ofrezco mediaciones de comunión y/u otras funciones según corresponda).	① ② ③ ④ ⑤
Dirijo la iglesia en proyectos especiales.	① ② ③ ④ ⑤
Dirijo comités / grupos de trabajo.	① ② ③ ④ ⑤
Participo en las reuniones periódicas de los ancianos.	① ② ③ ④ ⑤
Estoy dispuesto a evaluar de forma analítica y crítica los programas de nuestra iglesia.	① ② ③ ④ ⑤
Proporciono evaluación al personal pastoral.	① ② ③ ④ ⑤
Apoyo a nuestro personal pastoral.	① ② ③ ④ ⑤
Estoy involucrado con la iglesia a una profundidad mayor que el culto dominical y las reuniones de los ancianos solamente.	① ② ③ ④ ⑤
Doy económicamente a nuestra iglesia a un nivel significativo.	① ② ③ ④ ⑤
Regularmente oro por las personas en la iglesia (adoradores, personal, compañeros ancianos, personas perdidas, etc.).	① ② ③ ④ ⑤
Abro mi casa a las actividades / necesidades de la iglesia.	① ② ③ ④ ⑤
Apoyo abiertamente la visión del ministerio de nuestra iglesia.	① ② ③ ④ ⑤

Apéndice

He participado en la disciplina de la iglesia cuando era necesario.	① ② ③ ④ ⑤
Tomo decisiones beneficiosas para la congregación y en su mejor interés.	① ② ③ ④ ⑤
He crecido espiritualmente en el último año.	① ② ③ ④ ⑤
Me comunico con los miembros de nuestra congregación y no manipulo la información para gestionar mi propia imagen/reputación.	① ② ③ ④ ⑤

Apéndice: Matriz de cualidades de los ancianos

1 Timoteo 3:1-7	Tito 1:6-9	1 Pedro 5:1-4
intachable (v. 2)	intachable (vv. 6, 7)	ejemplo para el rebaño (v. 3)
esposo de una sola mujer (v. 2)	esposo de una mujer (v. 6)	
moderado (v. 2)	no iracundo ni violento (v. 7)	
sensato (v. 2)	sensato y justo (v. 8)	
respetable (v. 2)	disciplinado (v. 8)	
hospitalario (v. 2)	hospitalario (v. 8)	
capaz de enseñar (v. 2)		
no borracho (v. 3)	no borracho (v. 7)	
amable y apacible (v. 3)	no violento (v. 7)	
no pendenciero (v. 3)		
no amigo del dinero (v. 3)	no codicioso de ganancias mal habidas (v. 7)	no ambicioso con el dinero (v. 2)
gobernar bien su familia (v. 4)		
niños respetuosos y obedientes (vv. 4-5)	hijos creyentes libres de libertinaje y desobediencia (v. 6)	
no es un nuevo creyente (v. 6)		
buena reputación (v. 7)		
	amigo del bien (v. 8)	
	santo (v. 8)	
	disciplinado (v. 8)	
	apegado a la palabra (v. 9)	
		con afán de servir (v. 2)
		no tirano (v. 3)

Apéndice: Opiniones históricas sobre el "esposo de una sola mujer"

1. Monogamia absoluta: Un anciano debe ser fiel a su única esposa, incluso después de su muerte. Por lo tanto, se negaría a volver a casarse, permaneciendo «fiel» en el sentido más estricto. Un viudo renunciaría, o se le pediría que renunciara, como anciano.

2. Anti bigamia: Similar a la posición anterior, aunque se permite que el viudo se vuelva a casar.

3. Anti divorcio: Un anciano nunca puede divorciarse. Esta es probablemente la interpretación más común, aunque no la más antigua, y debemos reconocer que la palabra griega para «divorcio» no fue utilizada ni en 1 Timoteo ni en Tito.

4. Anti poligamia: Esta era una interpretación común en la iglesia primitiva, que requería que un anciano mantuviera los principios morales judíos, cristianos e incluso romanos.

5. Fidelidad: La frase de Pablo «fiel a una sola esposa» se refiere a la *calidad* de un matrimonio, no sólo al *estado* civil, requiriendo que un anciano tenga una reputación de integridad con respecto a las mujeres.

6. «Lo mínimo indispensable»: La frase/calificación podría significar simplemente que un anciano debe estar casado.

Todos los puntos de vista / interpretaciones tienen eco desde la iglesia primitiva hasta hoy.

Apéndice: Modelo de pacto de lidrrazgo

Sabiendo que Dios ha hablado claramente a través de su Palabra sobre el carácter y la responsabilidad de los líderes de su iglesia, me comprometo seriamente con Dios, con los líderes y con la comunidad de nuestra iglesia de las siguientes maneras:

- Consideraré a mi familia como mi ministerio más importante, los guiaré bien y practicaré un liderazgo de servicio en mi

Responder a su llamado

hogar.

- Estoy de acuerdo con la declaración de fe de nuestra iglesia sin reservas.

- Mantendré una caminata íntima con el Señor pasando tiempo regularmente a solas con él en oración y como un estudiante diligente de su Palabra. Como parte de ese tiempo de oración, oraré por nuestra iglesia, nuestro personal y otros líderes en la vida de nuestra iglesia y oraré para que solo Dios reciba la gloria en todos los ministerios de esta iglesia.

- Como ejemplo piadoso y modelo a seguir para todas las personas, seré impecable en todos los asuntos relacionados con mi vida personal, profesional, espiritual y social. Manejaré cuidadosamente los hábitos, las actitudes y el testimonio como siervo de Cristo ante los de nuestra iglesia y los de fuera, esforzándome siempre por glorificar al Señor a través de mi ejemplo de conducta, fe y amor.

- Estoy de acuerdo con la filosofía y dirección de nuestra iglesia en el uso de métodos de música, adoración, alcance, misiones y pastoreo que son responsables y eficaces en nuestra comunidad.

- He cumplido con la experiencia de un año de formación de ancianos/liderazgo o de tutoría aquí en nuestra iglesia.

- Me comprometo a hacer de mi liderazgo y servicio a nuestra iglesia una prioridad principal en mi vida con respecto a los compromisos de tiempo. Me comprometo a asistir a las reuniones de liderazgo y a las funciones de la iglesia con fiabilidad y seriedad, sirviendo con una actitud positiva y un espíritu semejante al de Cristo.

- Me comprometo a hacer de mi liderazgo y servicio a nuestra iglesia una prioridad principal en mi vida con respecto a los compromisos de tiempo. Me comprometo a asistir a las reuniones de liderazgo y a las funciones de la iglesia con fiabilidad y seriedad, sirviendo con una actitud positiva y un espíritu semejante al de Cristo.

- Me responsabilizo a administrar mis finanzas cuidadosamente, comprometiéndome a ser un dador consecuente de nuestra iglesia. Me comprometo a destinar al

Apéndice

menos el 10% de mis ingresos a la obra del Señor a través de esta congregación, como ejemplo para las personas de este cuerpo eclesiástico, a quienes sirvo.

- Por el poder del Espíritu Santo, me abstendré de actitudes negativas, de críticas y de quejas. Por el contrario, seré positivo y animaré a todos, esforzándome en mantener la unidad del Espíritu en el vínculo de la paz.
- Mantendré una actitud abierta y dispuesta a aprender.
- He estudiado y orado sobre estas declaraciones de compromiso y creo que Dios, a través del poder del Espíritu Santo, quiere que sirva como anciano de [iglesia].

Firma: _____

Nombre: _____

Fecha: _____

Para ver los otros libros de ancianos más
otros libros de LATM:

www.latm.info/bookstore

www.ingramcontent.com/pod-product-compliance
Lightning Source LLC
Chambersburg PA
CBHW060203050426
42446CB00013B/2969